MINORQUE

EN QUELQUES JOURS

W0380715

Albert Ollé, Jordi Monne

Dans ce guide

L'essentiel

Pour aller droit au but
et découvrir l'île
en un clin d'œil.

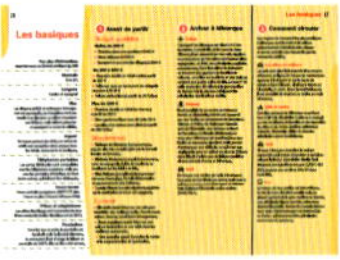

Les basiques
À savoir
avant de partir

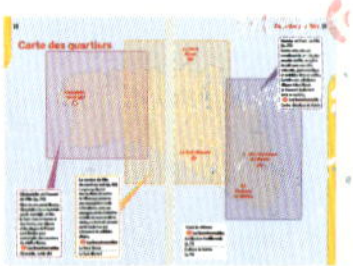

Carte des quartiers
Se repérer

Explorer Minorque

Sites et adresses
quartier par quartier.

Les incontournables
Pour tirer le meilleur
parti de votre visite

100% minorquin
Pour connaître l'île
comme un habitant

Minorque selon ses envies

Les meilleures
choses à voir,
à faire, à tester...

Les plus belles balades
Découvrir l'île à pied

Envie de...
Le meilleur de Minorque

Carnet pratique

Trucs et astuces
pour réussir
votre séjour.

Transports
Se déplacer
comme un habitant

Infos pratiques
Dont hébergement

Notre sélection de lieux et d'adresses

- Voir
- Se restaurer
- Prendre un verre
- Sortir
- Shopping

Légende des symboles

Numéro de téléphone	Familles bienvenues
Horaires d'ouverture	Animaux acceptés
Parking	Bus
Non-fumeurs	Ferry
Accès Internet	Metro
Wi-Fi	*Subway*
Végétarien	Tramway
Menu en anglais	Train

Retrouvez facilement chaque adresse sur les plans de quartiers

Minorque En quelques jours

Les guides *En quelques jours* édités par Lonely Planet sont conçus pour vous amener au cœur d'une destination.

Vous y trouverez tous les sites à ne pas manquer, ainsi que des conseils pour un séjour inoubliable. Nous avons divisé l'île en secteurs, accompagnés de plans clairs pour un repérage facile. Nos auteurs expérimentés ont déniché les meilleurs lieux de promenade et adresses : restaurants, boutiques, bars et clubs... Et pour aller plus loin, découvrez les endroits les plus attrayants et authentiques dans les pages "100% minorquin".

Ce guide contient également tous les conseils pratiques pour éviter les casse-tête : itinéraires pour visites courtes, moyens de transport, montant des pourboires, etc.

Grâce à toutes ces infos, soyez sûr de passer un séjour mémorable.

Notre engagement

Les auteurs Lonely Planet visitent en personne, pour chaque édition, les lieux dont ils s'appliquent à faire un compte-rendu précis. Ils ne bénéficient en aucun cas de rétribution ou de réduction de prix en échange de leurs commentaires.

L'essentiel 7

Explorer Minorque 21

Vaut le détour

Minorque selon ses envies 101

Les plus belles balades

Envie de...

Carnet pratique 119

L'essentiel

Bienvenue à Minorque

Propice aux promenades et aux longues journées de plage, la paisible Minorque a su échapper au tourisme de masse qui assaille d'autres destinations estivales et conserve une richesse naturelle qui lui a valu d'être classée réserve de biosphère par l'Unesco en 1993. À Mahón (Maó en catalan) et Ciutadella, tout comme dans les villages côtiers et ceux de l'intérieur, l'atmosphère sereine se double d'une vaste offre culturelle, gastronomique et de loisirs, en particulier pour les familles.

Far de Favàritx

Minorque
Les incontournables

Centre historique de Mahón (p. 24)

La capitale de l'île abrite un centre historique bordé de bâtiments du XVIIIe siècle, compte d'innombrables commerces et vibre d'une vie culturelle trépidante. En grande partie piétonnier, il domine fièrement depuis les hauteurs un port naturel immense et tout en longueur.

Environs de Mahón (p. 46)

Le Parc Natural de S'Albufera des Grau, au nord de Mahón, est une étendue marine naturelle à l'état pur. D'Es Castell jusqu'au sud de l'île, les aménagements urbains ont su se fondre dans le paysage.

Architecture traditionnelle (p. 72)

Minorque abrite un important patrimoine architectural traditionnel. Le paysage est semé de bâtiments en pierre sèche et de maisons rurales faites de blocs de *marès* (grès), blanchies chaque année à la chaux.

Le Nord féroce (p. 54)

Le nord de l'île, couronné par le Cap de Cavalleria, doit son aspect accidenté à la rigueur de la tramontane qui souffle ici. C'est à Fornells, au milieu de la côte, qu'on peut déguster la meilleure *caldereta de langosta* (soupe de langouste).

Le Sud clément (p. 58)

Les longues plages du Sud alternent avec des criques faciles d'accès et constituent le parfait contrepoint aux paysages abrupts du Nord. L'été, les journées de plage se prolongent jusqu'au crépuscule, moment idéal pour une promenade sur le Camí de Cavalls.

Ciutadella, noble cité (p. 76)

Réputée dans le monde entier pour ses fêtes de la Saint-Jean (festes de Sant Joan), Ciutadella renferme un centre historique ponctué de palais qui témoignent de son passé aristocratique, et de boutiques et restaurants à l'image de la ville actuelle : dynamique et raffinée.

100% minorquin
Vivre comme un habitant

Conseils d'initiés pour découvrir la vraie Minorque

Après avoir visité les sites incontournables, vous pourrez découvrir une Minorque plus authentique, celle des bars et restaurants fréquentés par les habitants, apprendre à connaître le patrimoine historique en visitant les *talayots* et les monuments mégalithiques, et vous imprégner de la douceur de vivre minorquine dans les petites bodegas qui donnent le ton pour les années à venir.

Minorquins et touristes se croisent enfin (p. 28)

- Architecture traditionnelle
- Bons restaurants
- Bars traditionnels

Il n'y a pas si longtemps, les habitants de Mahón et des villages des environs, étrangers au tourisme, fermaient boutique en août. Aujourd'hui, les choses ont bien changé : le centre-ville déborde de magasins, et les visiteurs profitent des commerces raffinés et des restaurants de qualité à disposition, un confort appréciable après une journée passée à visiter les palais et monuments anciens, et à explorer les plages, criques et villages isolés.

Route des talayots dans l'est de l'île (p. 50)

- Vestiges préhistoriques
- Paysages
- Histoire locale

Minorque est une île riche en monuments mégalithiques, comme en attestent ses plus de 1 500 sites archéologiques. Qu'est-ce qu'un *talayot*, une *naveta*, une *taula* ? Vous découvrirez sur place la fonction de ces mégalithes et plongerez ainsi dans l'histoire ancienne de l'île. Si vous voyagez avec des enfants, les villages talayotiques stimuleront leur imagination inépuisable.

Cap sur le vin (p. 98)

- Bodegas
- Dégustation de vins
- Vignobles

À la fin du XXe siècle, un groupe de jeunes entrepreneurs a eu l'audace de ressusciter la tradition vinicole minorquine qui avait alors disparu. Vingt ans plus tard, l'initiative semble prometteuse : les huit caves existantes produisent d'excellents crus à partir de différents cépages. La visite de ces *cellers* (caves) et la dégustation de leurs vins est une activité toujours plus populaire.

Festes de la Sant Joan à Ciutadella (p. 95)

Cala Tirant (p. 56)

Autres trésors cachés

Minorque
En 4 jours

1er jour

Pour commencer la journée, prenez votre petit déjeuner à l'un des nouveaux stands de tapas du **marché aux poissons** (p. 39), dans le centre de Mahón. En sortant de la *lonja* (marché couvert), rendez-vous aux caves **Binifadet** (p. 40) pour une dégustation de vins, puis mettez le cap sur **Sant Lluís** (p. 33) pour visiter **Es Molí de Dalt** (p. 34) et rejoignez la **Cala Alcaufar** (p. 35) et ses *casetes de vorera* (cabanes de pêcheurs). S'il vous reste du temps, continuez sur Binibèquer y Binissafúller.

À l'heure du déjeuner, allez à Cales Fonts, à **Es Castell** (p. 32), pour vous restaurer au **Miramar** (p. 29) ou au **Trébol** (p. 38) en observant les voiliers. Après une pause digestive, rentrez à Mahón pour vous promener tranquillement dans le **centre historique** (p. 24) et découvrir l'**Església de Santa Maria** (p. 25), les vieilles demeures et les commerces animés.

Le soir venu, offrez-vous un dîner gastronomique au **Ses Forquilles** (p. 36) ou optez pour une ambiance moins formelle à la terrasse du **Santa Rita** (p. 37). Ensuite, deux possibilités s'offrent à vous : descendre au port pour profiter de la vie nocturne trépidante ou, si le dîner n'a pas été trop arrosé, rejoindre en voiture Binibèquer Nou pour siroter quelques verres au **Paupa** (p. 41), face à la mer.

2e jour

Après un petit déjeuner composé de *cañas de sobrasada* (petits pains longs à la soubressade) à **Es Llonguet** (p. 45), dans le centre de Mahón, mettez-vous en route vers le nord. Marchez un peu dans le Parc Natural de **S'Albufera des Grau** (p. 47), puis grimpez jusqu'au sommet du **Far de Favàritx** (p. 48) pour profiter du panorama spectaculaire et continuez jusqu'à la plage d'**Arenal d'es Castell** (p. 56), une des plus belles de l'île. Poussez jusqu'à **Fornells** (p. 55) et flânez dans ses pittoresques ruelles.

Pour déjeuner, optez pour une copieuse *caldereta de langosta* (soupe de langouste) à **Sa Llagosta** (p. 64) ou **Es Port** (p. 64). Après une délassante – et nécessaire – pause digestive à une des terrasses du port, filez vers le **Far de Cavalleria** (p. 55) : vous y découvrirez de vieux bunkers datant de la guerre civile, avant de contempler le magnifique coucher de soleil au bord de la falaise.

Le soir, revenez dîner à Fornells dans l'auberge traditionnelle **S'algaret** (p. 64) et si le calendrier s'y prête, assistez à un concert des **Noches de Música Clásica** (p. 69) ; sinon, rien ne vaut un cocktail raffiné à l'**Isabella Beach Club** (p. 68).

Votre temps vous est compté ?

Ces itinéraires vous permettront d'optimiser le peu de temps dont vous disposez pour connaître le meilleur de l'île.

3e jour

Consacrez la matinée aux plages du sud de l'île : vous pouvez opter pour la longue plage de sable fin de **Son Bou** (p. 59), la **Cala Galdana** (p. 86), la Cala Mitjana, ou la **Cala en Porter** (p. 62) si vous êtes en famille et/ou si vous n'avez pas envie de marcher. Si vous recherchez un coin plus intime et isolé, allez plutôt jusqu'à la **Cala Canutells** (p. 59), la **Cala Trebalúger** (p. 59), la Cala Llucalcari ou la **Cala Macarelleta** (p. 86), qui se prêtent toutes au snorkeling.

Après avoir lézardé quelques heures sur la plage, allez déjeuner au **Torralbenc** (p. 67) si vous avez choisi une plage ou une crique de la côte orientale, ou au **Ca Na Pilar** (p. 68) si vous êtes sur une plage du centre ou de l'Ouest. Visitez le village de *talayots* de **Torralba d'en Salort** (p. 62), un des sites archéologiques les plus spectaculaires de Minorque. Faites ensuite l'ascension du **monte Toro** (p. 62) pour jouir de la vue imprenable sur l'île.

À la tombée du jour, rendez-vous au village de **Ferreries** (p. 61) et perdez-vous dans son célèbre Mercat de Nit (marché de nuit), avant de dîner au **S'Engolidor** (p. 67), à Es Migjorn Gran. Pour finir la journée en beauté, sirotez un verre à la **Cova d'en Xoroi** (p. 68), la vedette incontestable des établissements nocturnes de la Cala en Porter.

4e jour

Cette journée est consacrée à Ciutadella et ses environs. Dégustez un petit déjeuner sucré à la pâtisserie **Moll** (p. 94), puis faites un tour au **marché aux poissons** (p. 96) et déambulez parmi les stands de fruits et légumes installés sous les arcades. Rejoignez ensuite **Líthica** (p. 84) où vous pourrez suivre un circuit botanique et continuez vers le nord jusqu'à la **Cala Morell** (p. 84) où vous pourrez admirer les grottes préhistoriques et vous baigner.

Regagnez Ciutadella pour déjeuner au **Mon** (p. 88) ou au **Cafè Balear** (p. 89). Après manger, flânez dans la vieille ville seigneuriale en admirant les façades des palais anciens et visitez la **Catedral de Santa Maria** (p. 82) et le **Convent de Santa Clara** (p. 82). Vous pourrez ensuite acheter des sandales à **Davall sa Volta** (p. 96) et vous rafraîchir d'une glace chez **Helados Torres** (p. 77).

Le soir venu, dirigez-vous vers la Cala Blanca pour prendre un *ginet* à l'**Hola Ola Mediterranean Beach** (p. 91) et continuez jusqu'au **Far d'Artrutx** (p. 118), à l'extrême sud-ouest de l'île, pour contempler le coucher de soleil sur l'océan. De retour à Ciutadella, attablez-vous à l'**Agua** (p. 91) et descendez **prendre un verre sur le port** (p. 92).

Les basiques

Pour plus d'informations, reportez-vous au *Carnet pratique* (p. 119)

Monnaie

Euro (€)

Langues

Catalan et espagnol

Visa

Les citoyens de l'UE et de l'espace Schengen n'en ont pas besoin. Les Canadiens n'ont pas besoin d'un visa pour un séjour n'excédant pas 90 jours, mais doivent présenter un passeport en cours de validité.

Argent

On trouve partout des DAB. Les cartes de crédit sont acceptées dans presque tous les hôtels, restaurants et boutiques.

Téléphones portables

Les cartes SIM locales sont compatibles avec les téléphones européens, mais pas avec les portables d'Amérique du Nord (entre autres), qui doivent être débloqués.

Heure locale

Heure centrale européenne (GMT/UTC plus 1 heure ou plus 2 heures à l'heure d'été)

Prises et adaptateurs

Les prises électriques sont composées de deux fiches rondes ; la tension électrique est de 220 V.

Pourboires

Dans les bars et cafés, le pourboire est facultatif mais toujours le bienvenu. Au restaurant, il est d'usage de laisser un pourboire de 5-10% si le service a été correct.

1 Avant de partir

Budget quotidien

Moins de 100 €

- Chambre dans une pension : 40-50 €
- Menu déjeuner : 10-15 €
- Transport en bus entre les villages : 1,50-5 €

De 100 à 200 €

- Chambre double en hôtel rural : à partir de 100 €
- Déjeuner dans un restaurant de catégorie moyenne : 25-35 €
- Voiture de location : à partir de 30 €/jour

Plus de 200 €

- Chambre double en hôtel de charme : à partir de 150 €
- Dîner gastronomique avec vin : dès 50 €
- Location d'un bateau avec skipper : à partir de 280 €/jour

Sites Internet

- **Turisme de Menorca** (www.menorca.es). Un site très complet géré par le Consell Insular de Menorca.
- **Disfruta Menorca** (www.disfrutamenorca.com, en espagnol). Guide de tourisme se focalisant sur les loisirs de l'île.
- **Illes Balears** (www.illesbalears.es/esp/menorca/home.jsp). Portail d'information du gouvernement des Baléares.
- **Lonely Planet** (www.lonelyplanet.es). Infos sur la destination et forum de voyageurs.

À prévoir

- **Six mois avant** Réservez vos vols pour bénéficier des meilleurs tarifs. Pour la haute saison, réservez aussi votre hébergement.
- **Deux semaines avant** Réservez une voiture de location et une table dans les meilleurs restaurants.
- **Une semaine avant** Consultez la météo et la programmation des spectacles.

2 Arriver à Minorque

Avion

L'aéroport de Minorque est situé à 4,5 km de Mahón, à proximité de la route de Sant Climent. Il est desservi par des vols réguliers en provenance de Barcelone et d'autres villes espagnoles, et, l'été, des principales capitales européennes. Dans l'enceinte de l'aéroport se trouvent des agences de location de voitures, un office du tourisme et des taxis se rendant aux quatre coins de l'île. Le bus n° 10 rallie toutes les 30 minutes la gare routière de Mahón ; de là, des bus rejoignent les principales destinations de l'île.

Bateau

Il est possible de se rendre en bateau à Mahón et Ciutadella. Mahón est desservi par des ferries en provenance de Barcelone, Valence et Palma de Majorque ; dans le port de Ciutadella, des bateaux arrivent de Barcelone et Alcudia (Majorque). Le ferry pour Minorque est aussi coûteux que l'avion et beaucoup plus lent, mais permet d'embarquer son véhicule, ce qui n'est pas négligeable pour un séjour de plus de 15 jours dans l'île. Il n'existe pas de liaison maritime directe entre la France et Minorque.

Taxi

On trouve une station de taxis à l'aéroport, tout près du terminal. Les autres taxis sont à éviter. La course entre l'aéroport et Mahón/Cala Galdana/Ciutadella coûte environ 15/40/50 €.

3 Comment circuler

Les moyens de transport les plus pratiques à Minorque sont la moto et la voiture qui permettent d'atteindre les criques et autres endroits non desservis par les transports publics.

Location de voiture

Les prix sont plus intéressants si on réserve à l'avance en ligne. On trouve de nombreuses agences à l'aéroport et sur la route de Mahón à Sant Climent, ainsi qu'à Mahón et Ciutadella. En août, étant donné l'affluence, il est conseillé de réserver au moins un mois à l'avance.

Vélo et moto

Certains secteurs de Minorque se prêtent tout à fait à la circulation à vélo ou à moto. Il y a des boutiques de location et de réparation de vélos et de motos (petites cylindrées) à Mahón, Ciutadella, Alaior et dans les principales zones touristiques.

Taxi

Si vous n'êtes pas motorisé, le taxi est souvent le seul moyen d'accéder à certaines criques isolées. L'association **Radio Taxi Menorca** (www.taximenorca.es ; ✆ 971 482 222) propose ses services 24h/24 dans toute l'île.

Bus

Le réseau de bus publics est très efficace. En été, les bus circulent aussi la nuit. La plupart partent de la gare routière de Mahón. Les principales lignes sont les suivantes : Mahón-Ciutadella, Mahón-Es Castell, Mahón-Sant Lluís, Mahón-aéroport et Mahón-Cala en Porter, qui desservent les principales communes du parcours.

Carte des quartiers

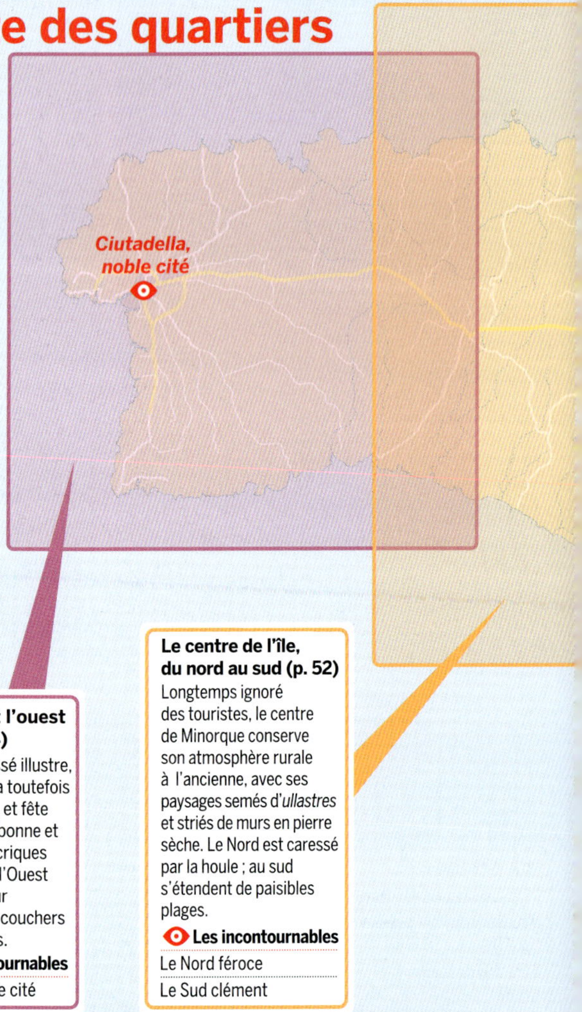

Ciutadella et l'ouest de l'île (p. 74)

Fière de son passé illustre, Ciutadella n'en a toutefois pas la nostalgie, et fête la Sant Joan en bonne et due forme. Les criques et les plages de l'Ouest sont idéales pour contempler des couchers de soleil uniques.

Les incontournables

Ciutadella, noble cité

Le centre de l'île, du nord au sud (p. 52)

Longtemps ignoré des touristes, le centre de Minorque conserve son atmosphère rurale à l'ancienne, avec ses paysages semés d'*ullastres* et striés de murs en pierre sèche. Le Nord est caressé par la houle ; au sud s'étendent de paisibles plages.

Les incontournables

Le Nord féroce

Le Sud clément

Mahón et l'est de l'île (p. 22)

Mahón et la côte est constituent la zone la plus peuplée de l'île, ce qui va de pair avec une offre culturelle, gastronomique et de loisirs riche et variée. Certains des principaux villages talayotiques se trouvent également dans ce secteur.

Les incontournables

Centre historique de Mahón

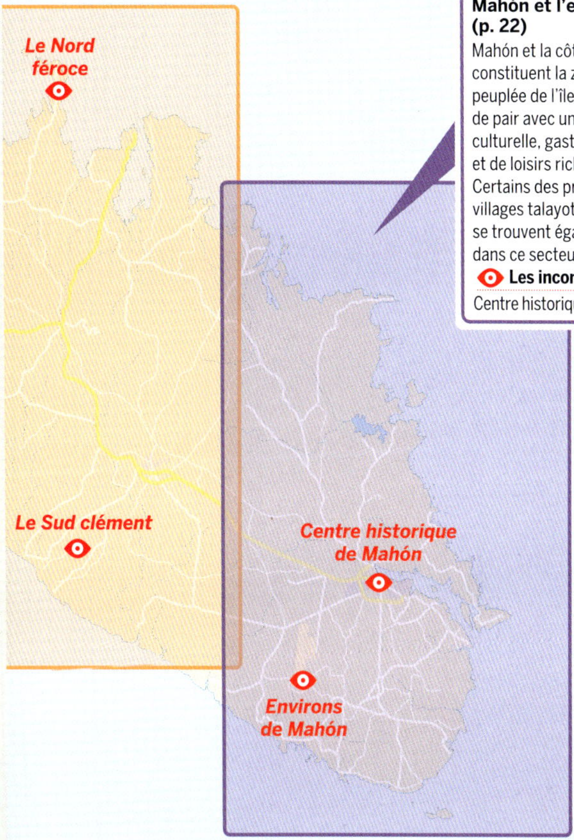

Vaut le détour

Les incontournables

Architecture traditionnelle (p. 72)

Environs de Mahón (p. 46)

Explorer Minorque

Vaut le détour

Cala en Turqueta (p. 86),
une des plus jolies plages de Minorque

Explorer

Mahón et l'est de l'île

Capitale de l'île depuis la période d'occupation anglaise au XVIIIe siècle, Mahón a su conserver des allures britanniques sans perdre son charme méditerranéen. Aujourd'hui devenue un carrefour commercial dynamique, elle est une excellente base pour explorer les criques du sud-est de l'île et les monuments mégalithiques. Quant aux restaurants très divers et aux bars animés de la zone du port, ils méritent vraiment le détour.

L'essentiel en un jour

Après un petit déjeuner à la pâtisserie **Es Llonguet** (p. 45) pour vous initier aux douceurs locales, passez devant l'església de Santa Maria – vous entrerez plus tard, à 13h, pour écouter le **concert d'orgue** (p. 25) –, et flânez au **Mercat des Claustre** (p. 39) et, surtout, au **marché aux poissons** (p. 39).

À l'heure du déjeuner, offrez-vous une escapade au restaurant **Cap Roig** (p. 38), à la **Cala Mesquida** (p. 47), où l'on sert un poisson d'une fraîcheur exceptionnelle. Pour bien digérer, rien de tel qu'une promenade à **S'Albufera des Grau** (p. 47). Plus tard, promenez-vous dans le **parc naturel** (p. 104), époustouflant à l'heure du coucher de soleil. Les milliers d'oiseaux qui le peuplent se chargeront du fond musical.

Le soir venu, rendez-vous à Es Castell et descendez jusqu'à Cales Fonts, pittoresque port de pêche regorgeant de restaurants. Dînez au **Trébol** (p. 38), au bord de l'eau. Assistez à une *cantada de habaneras* (récital de chants marins) dans la crique voisine, Cala Corb : le jeu en vaut la chandelle. Plus tard, si vous êtes en forme, partez à la découverte de la vie nocturne animée du port de Mahón ou faites le déplacement jusqu'à la discothèque **Tiffany's Menorca** (p. 41), près de l'aéroport.

Les incontournables

Centre historique de Mahón (p. 24)

100% minorquin

Minorquins et touristes se croisent enfin (p. 28)

Le meilleur du secteur

Se restaurer

S'Espigó (p. 37)

Ses Forquilles (p. 36)

Prendre un verre

Paupa (p. 41)

Es Claustre (p. 40)

Shopping

Joyeria Vives (p. 43)

Ca s'Esparter (p. 42)

Comment y aller

Bus Depuis l'aéroport, le bus n° 10 part toutes les 30 minutes en direction de la gare routière de Mahón. De là, des bus rallient plusieurs curiosités du secteur.

Les incontournables
Centre historique de Mahón

Le cœur historique de Mahón domine le port du haut d'une falaise de 40 m de haut. La structure urbaine date du XVIIIe siècle : les Anglais, qui s'étaient emparés de l'île, firent de Mahón la capitale, au détriment de Ciutadella. L'influence britannique transparaît dans l'architecture de nombreux bâtiments du centre historique, aujourd'hui en grande partie piétonnier et comptant une multitude de magasins.

Plan p. 31

ajmao.org

Església de Santa Maria (p. 25).

À ne pas manquer

Ca n'Oliver

Cette opulente **demeure** (plan p. 31, B3 ; ☎971 356 523 ; Carrer d'Anuncivay 2 ; tarif plein/senior 5/2,5 € ; ⏱10h-13h30 et 18h-20h jeu-sam, 10h-13h30 mar-mer et dim, nov-fév gratuit) néoclassique fut construite par une dynastie de commerçants mahonnais à la fin du XVIIIe siècle, dans un quartier de la ville alors relativement récent. Elle abrite aujourd'hui un petit musée consacré à Mahón et la collection des peintres Hernández Sanz et Hernández Mora (père et fils). C'est une visite incontournable, tant pour l'architecture du bâtiment que pour les expositions.

Església de Santa Maria

Cette **église** (plan p. 31, B2 ; Plaça de la Constitució s/n ; concert d'orgue 13h lun-sam mai-oct 5 € ; visite guidée 2 €, ⏱10h-12h30 et 14h-19h lun-ven) néogothique du XVIIIe siècle comporte une seule nef surmontée de neuf croisées d'ogives et plusieurs chapelles latérales. Une grande partie de ses trésors, notamment le grand retable et nombre d'icônes et objets de culte, furent détruits lorsque la guerre civile éclata en 1936. Par bonheur, l'**orgue** du XIXe siècle demeura intact. Elle se dresse à l'emplacement de l'ancienne église gothique du XIVe siècle, endommagée par les pirates de Barberousse au XVIIe siècle et totalement détruite par un tremblement de terre au début du XVIIIe siècle.

Convent de Sant Francesc

Cet ancien couvent du XVIIIe siècle fut saisi au XIXe siècle suite aux "lois de désamortissement". Il accueillit successivement une école nautique, une bibliothèque, un institut d'enseignement et un hospice. Il abrite aujourd'hui le **Museu de Menorca** (plan p. 31, A2 ; ☎971 350 955 ; www.museudemenorca.com ; Avenida Doctor Guàrdia s/n ; gratuit ; ⏱10h-14h et 18h-20h

☑ À savoir

- N'essayez pas de circuler en voiture à Mahón. Ce n'est pas interdit, mais la mairie a adopté des mesures dissuasives. Mieux vaut laisser sa voiture dans un parking et se promener à pied pour éviter de devenir fou.
- En haute saison – semaine sainte, juillet et août –, mieux vaut réserver avant d'aller au restaurant.
- De mai à octobre, on peut rejoindre en bateau La Mola depuis le port de Mahón, en réservant auprès de Water Taxi (☎616 428 891, 10 pers maximum).

Une petite soif ?

Niché dans le passage reliant le Mercat des Claustre au marché aux poissons, le **Bar Mirador** possède une terrasse donnant sur le port de Mahón et sur le ravin où serpente la promenade qui y conduit. Vous apprécierez la végétation rafraîchissante, la vue splendide et la brise bienfaisante.

mar-sam, 10h-14h dim juin-sept ; 10h-18h mar et jeu, 10h-14h mer, ven-dim oct-mai) qui rassemble une collection permanente d'objets et de documents illustrant l'histoire de l'île, de la préhistoire à nos jours.

Fortalesa de la Mola

Ce magnifique spécimen d'architecture militaire fut construit entre 1848 et 1875 pour protéger, grâce à ses canons, l'embouchure du port de Mahón. Également appelée **Fortalesa Isabel II** (plan p. 30, E2 ; ✆971 364 040 ; www.fortalesalamola.com ; Carretera Mola, s/n ; tarif plein/12-16 ans et senior/4-6 ans 8/5,5/4 €, - de 6 ans gratuit ; 🕒10h-20h tlj juin-sept, 10h-14h mar-dim oct-avr, 10h-18h mar-dim mai), c'était encore jusque récemment une des prisons politiques et militaires les plus redoutées d'Espagne. La visite plaira aux plus petits.

Llatzeret de Maó

L'essor du trafic maritime dans le port de Mahón au XVIIe siècle entraîna la création de ce **complexe hospitalier** (plan p. 30, E2 ; ✆971 364 040 ; www.lazaretodemahon.es ; tarif plein/4-11 ans 18/9 € ; visites guidées juin-oct sur réservation) sur l'une des îles du port, qui permettait de mettre en quarantaine les marins soupçonnés d'être porteurs de maladies infectieuses. L'ancien cimetière, la tour aux secrets, la chapelle et le musée sont ouverts aux visiteurs de ce site exceptionnel.

Fortalesa de la Mola

Comprendre

L'héritage britannique

Minorque fut occupée par les Britanniques pendant presque tout le XVIIIe siècle. Si les Anglais occupaient déjà l'île depuis 1708, avec le traité d'Utrecht, elle fut cédée officiellement à l'Angleterre en 1713. Les Britanniques firent de Minorque l'île la mieux défendue de la Méditerranée, notamment grâce à la construction du **Fort Marlborough,** de la torre de Stuart (ou d'en Penjat) qui protégeait l'embouchure du port de Mahón et de la torre des Castellar, à Sa Caleta, près de Ciutadella. Ils fondèrent également la ville de Georgetown, aujourd'hui rebaptisée Es Castell, pour y établir la population qui s'était regroupée autour du Castell de Sant Felip, considérablement agrandi par les Anglais.

L'influence britannique transparaît également dans certains détails architecturaux, comme les verrous des portes, les fenêtres à guillotine ou les *boinders* – de *bow window*–, balcons traditionnels avec fenêtres à encorbellement qui ornent nombre de demeures cossues.

La question de l'approvisionnement des troupes avait toujours été un des enjeux récurrents de la défense de Minorque. Les Anglais résolurent le problème en développant dans l'île l'élevage bovin, qui assurait aux soldats un approvisionnement régulier en viande et en lait. Cette nouveauté alla de pair avec la naissance de l'industrie fromagère minorquine. Soucieux du moral des troupes, les Anglais introduisirent aussi le gin – qui allait devenir la boisson la plus populaire de l'île – fabriquée à base d'alcool de vin local et de baies de genévrier importées.

Étonnant vestige de la présence britannique, l'**Església de la Concepció,** dans la rue d'Es Cos de Gràcia, est une église byzantine insolite du XVIIIe siècle. Elle fut érigée par la communauté grecque, introduite à Minorque par les Britanniques et expulsée après la reconquête de l'île par l'Espagne.

Enfin, n'oublions pas la construction du **camí d'en Kane,** autre initiative anglaise qui joua un rôle déterminant dans le développement de l'île. Cette route qui porte le nom du gouverneur britannique à l'origine du projet permit de relier Mahón à Ciutadella : la liaison par la route était alors pratiquement impossible étant donné l'état d'abandon de l'ancienne voie romaine. Aujourd'hui, cet itinéraire offre une alternative agréable à la route Mahón-Ciutadella, entre Mahón et Es Mercadal.

100% minorquin
Minorquins et touristes se croisent enfin

Il n'y a pas si longtemps, le chemin des touristes ne croisait jamais celui des habitants. Les Mahonnais, étrangers à l'invasion estivale, quittaient les lieux en juillet et août, et de nombreux commerces fermaient pendant les vacances d'été. Peu à peu, les choses ont changé. Aujourd'hui, presque toutes les boutiques restent ouvertes l'été, et touristes et habitants se partagent l'espace et les activités.

1 Teatre Principal

Les Mahonnais sont fiers de leur **Teatre Principal** (☎971 355 602 ; www.teatremao.com ; Direccio Costa Deia 40), le plus ancien opéra d'Espagne, construit en 1829 sur les ruines des anciens remparts de la ville. Conçu par l'architecte italien Giovanni Palagi, il se distingue par sa salle en fer à cheval. Il propose des spectacles réguliers de l'automne au printemps et une programmation intense l'été, qui commence par la

Semana de la Ópera en juin et se poursuit avec le Festival de Música d'Estiu, organisé par les Joventuts Musicals de Maó de mi-juillet à fin août.

❷ American Bar

Pour prendre le pouls de Mahón, rien de tel que de s'asseoir à la terrasse de l'**American Bar** (☎971 361 822 ; Plaça Reial 7 ; ⏲9h-24h) ou de l'Andalucía, juste à côté, d'où les habitants observent l'agitation de la cité. Le bar donne sur la Plaça Reial, le véritable cœur de la ville, vers lequel convergent nombre de rues (Anuncivay, Infanta, S'Arravaleta, Carrer Nou et Costa d'en Deià).

❸ Casino de Sant Climent

Bar-restaurant séculaire, le **Casino de Sant Climent** (☎971 153 418 ; www.casinosantcliment.com ; Carrer de Sant Jaume 4, Sant Climent ; tapas 3-5 €, plats 6-16 €, menu de fête 16 € ; ⏲7h-24h mar-dim) sert de généreuses tapas et *raciones* minorquines bien préparées : viande aux petits pois, boulettes, aubergines farcies, riz, salades, poisson frais, poulet, menu enfant, sandwichs, etc. Comme la cuisine ouvre de bonne heure, c'est l'endroit idéal pour un copieux petit déjeuner. Le restaurant joue un grand rôle dans le dynamisme culturel de Sant Climent, accueillant un club de jazz très actif qui organise des sessions hebdomadaires. L'été, elles ont lieu sur la place juste en face.

❹ La Rueda

Le rez-de-chaussée du restaurant **La Rueda** (☎971 151 184, 971 150 349 ; Carrer de Sant Lluís 30, Sant Lluís ; plats 9,80-16 € ; ⏲7h-11h30 mar fermé) fait office de bar de village traditionnel, géré pendant des décennies par l'aimable Damiá et aujourd'hui par ses enfants. On y sert des tapas locales : foie aux oignons, viande aux petits pois, *corns* (escargots de mer), etc. À l'étage, la carte arbore d'appétissantes spécialités minorquines et un des meilleurs rapports qualité/prix de l'île.

❺ Miramar

Le **Miramar** (☎971 364 643 ; Moll de Cales Fonts 15, Es Castell ; plats 9,80-16 € ; ⏲10h-0h30) trône au milieu de Cales Fonts. C'est l'endroit idéal pour déguster des tapas arrosées d'une bière en observant les bateaux, grands et petits, disparaître derrière la pointe de S'Escala en direction du port de Mahón. Les *patatas bravas*, les œufs au plat, les *chipirones* (petits calmars), les calmars et le poisson frais sont légendaires, et certains légumes proviennent du potager du propriétaire.

A
B
C
D
E
1
2
3
4
0
5 km
N
Cala Mesquida
19
Es Murtar
Cap Negre
Cala Llonga
La Mola (72 m)
Fortalesa de la Mola
Llatzeret de Maó
Illa del Rei
9
28
2
20
Castell de Sant Felip
8
Cala Sant Esteve
Sa Mesquida
Sant Antoni
5
Voir agrandissement
Mahón
36
37
Es Castell
Museo Militar de Menorca
Noria Riera
Fort Marlborough
Trebalúger
Caló des Rafalet
S'Algar
10
Alcaufar
Cala Alcaufar
Punta Prima
Platja de Punta Prima
Biniancolla
Son Ganxo
Cala Biniancolla
21
Pou Nou
26
Es Consell
3
Sant Lluís
7
Es Molí de Dalt
Torret
22
Llucmaçanes
S'Ullastrar
Torret de Baix
27
Cala de Binibèquer
Binibèquer Vell
29
Aéroport de Minorque
Cala Binissafúller
Cap d'en Font
Cala Biniparratx
Cap d'en Font
Binidalí
Casino de Sant Climent
Sant Climent
1
23
39
Algendar
Binixica
Es Canutells
24
Cala Canutells
Cales Coves
Cales Coves
Cala en Porter
MER MÉDITERRANÉE

A
B
C
D
E
1
2
3
4
0
200 m
Nos adresses
Les incontournables p. 24
Voir p. 32
Se restaurer p. 36
Prendre un verre p. 40
Sortir p. 41
Shopping p. 42
Port de Mahón
Illa Pinto
Convent de Sant Francesc
Museu de Menorca
34
Moll de Ponent
C. Isabel II
C. des Frares
C. Sant Jaume
Rector Mort
S'Arraval
Portal de Sant Roc
4
C. de Sant Roc
32
18
40
Església de Santa Maria
17
Mercat de Pescados
Mercat des Claustre
Plaça de la Miranda
Església de Nostra Senyora del Carme
35
25
6
38
Església
Plaça Bastió
C. Sant Bartomeu
Hannover
Nou
Àngel
33
Plaça Espanya
Sa Rovellada de Dalt
11
31
30
Costa d'en Deià
C. Sant Jordi
Ses Moreres
C. Sant Josep
Teatre Principal de Maó
Es Cós de Gràcia
Parc des Freginal
C. Santiago Ramon i Cajal
C. de Gràcia
C. d'Anuncivay
Ca n'Oliver
C. Comerç
C. Infanta
C. Reina
Camí des Castell
C. Plana
C. Sta. Eulàlia
C. de la Concepció
C. del Carme
C. St. Nicolau
Sta. Cecília
C. Bellavista
C. St. Sebastià
Camp de l'Unió
Moll de Llevant
Av. Port de Maó
Av. de Fort de l'Eau
Passeig Marítim
12
15
13
16
14
Costa de Corea
Costa de Cala Figuera

Cales Fonts

Voir

Sant Climent

VILLAGE

1 Plan p. 30, B2

À environ 4 km de Mahón, cette commune rurale de quelque 500 âmes fut fondée au XIXe siècle par l'évêque de Minorque. Sa belle place principale, la Plaça Es pla de Sant Climent, est dominée par une église néogothique à la façade jaune et blanc. À proximité se dressent plusieurs monuments mégalithiques, notamment Talatí de Dalt (p. 51), les *taules* de Binimaimut et la basilique paléochrétienne de Fornàs de Torelló.

Es Castell

VILLAGE

2 Plan p. 30, D2

Les Anglais fondèrent durant leur seconde occupation de l'île (1763-1782) cette commune-garnison pour les autochtones qui vivaient aux abords du Castell de Sant Felip, et la nommèrent Georgetown en hommage à leur souverain. Après la reconquête de l'île par l'Espagne, le village fut rebaptisé Villacarlos, du nom de Charles III. L'immense place d'armes est bordée d'anciennes casernes, dont l'une abrite un intéressant musée militaire. Le village compte aussi deux criques de pêcheurs, Cales Fonts et Cala Corb, une église datant de la fin du XVIIIe siècle, plusieurs monuments mégalithiques et deux forteresses, le Castell de Sant Felip (p. 34) et le fort de Marlborough (p. 47).

Sant Lluís

VILLAGE

3 Plan p. 30, D3

Fondé par les Français durant leur brève occupation de l'île afin d'administrer les hameaux des environs, Sant Lluís est traversé par un axe central sur lequel donnent l'église du XVIIe siècle, l'Ajuntament (mairie) et Es Molí de Dalt (moulin ; p. 34). L'artère principale est flanquée de deux rues parallèles. Autour du centre-ville gravitent plusieurs hameaux (Torret, S'Ullestrà, Pou Nou, Binifadet) arborant des bâtiments traditionnels à l'architecture très intéressante. On trouve des vestiges préhistoriques aux abords du village, notamment Binissafullet (p. 51).

Portal de Sant Roc

PORTE

4 Plan p. 31, A2

Vestige de l'ancienne muraille de Mahón, cette porte du XIVe siècle – la seule encore debout – donnait sur la route de Ciutadella. Elle est encadrée par deux tours de défense carrées de style gothique de hauteurs différentes. Très endommagé lors de l'assaut de Barberousse, l'ensemble fut restauré à la fin du XVIe siècle. La porte est surmontée d'une niche à l'effigie de saint Roch.

Sant Antoni

DEMEURE

5 Plan p. 30, D1

Cette demeure, aussi appelée Golden Farm, arbore une splendide façade néopalladienne, un style introduit par les Anglais au XVIIIe siècle. Son hôte le plus illustre fut l'Amiral Horatio Nelson. Les mauvaises langues affirment qu'il y logeait secrètement Lady Hamilton à qui il rendait visite lors de ses séjours à Mahón.
(610 443 276 ; www.sanantoniomenorca.com ; route de la Mola km 3 ; 11h30 mi-mai à juil et sept-oct, visite guidée sur demande)

Portal de Sant Roc

Museo etnológico Es Molí de Dalt

Església de Nostra Senyora del Carme

ÉGLISE

6 Plan p. 31, C3

Les carmélites érigèrent cette église entre 1750 et 1808. Les deux clochers sont toutefois restés inachevés, tout comme les colonnes qui devraient encadrer le portique. À côté de l'église se tiennent le couvent, différentes installations culturelles, ainsi que le cloître occupé par un marché alimentaire (p. 39) et, au centre, un café qui propose souvent des concerts (p. 40) – un lieu très agréable pour prendre un verre en soirée.

Es Molí de Dalt

MUSÉE

7 Plan p. 30, D3

Ce moulin à farine de facture française – comme tout le village de Sant Lluís – date du milieu du XVIIIe siècle.
Le moulin est resté en activité jusqu'en 1949, date à laquelle le chapeau et les ailes furent détruits par la tramontane qui souffle à Minorque, ce qui endommagea sévèrement le mécanisme. Restauré à la fin du XXe siècle, il a été transformé en petit musée ethnologique et abrite aussi l'office du tourisme. (971 151 084 ; Carrer de Sant Lluís 4 ; musée 10h-20h juil-août, 10h-19h mai-juin et sept, 10h-18h oct, tarif plein/senior et 3-12 ans 12/8 €)

Castell de Sant Felip

FORTERESSE

8 Plan p. 30, E2

Après l'assaut dévastateur de Barberousse en 1535, Philippe II confia à l'ingénieur militaire italien Giovanni Battista Calvi la construction de cette forteresse située au sud de l'embouchure du port. D'abord assez modeste, elle fut agrandie au XVIIIe siècle par les Anglais, qui en firent l'une des plus imposantes de la Méditerranée. Elle fut démolie en 1805 sur ordre de Charles IV après la reconquête de l'île par les Espagnols. Aujourd'hui, on peut visiter les galeries et admirer les vestiges des murs de défense et la batterie de canons du XVIIIe siècle. (971 362 100 ; www.museomilitarmenorca.com ; tarif plein/13-16 ans et senior 5/2,5 € ; - de 12 ans gratuit ; 10h jeu et dim juin-sept ; sam oct-nov et avr-mai ; déc-fév visites de groupe uniquement, sur réservation)

Cala Alcaufar

Illa del Rei

HÔPITAL

9 Plan p. 30, D2

Cette île est presque entièrement occupée par un ancien hôpital pour marins inauguré en 1776, sous l'occupation anglaise. Il demeura en activité jusqu'à la construction en 1964 d'un nouveau sanatorium militaire à Mahón. Spolié et abandonné pendant trois décennies (en attente d'une initiative municipale), le bâtiment fut finalement pris en charge par une fondation privée qui organisa des chantiers de restauration, des visites guidées de la basilique paléochrétienne du VIe siècle et d'autres activités visant à collecter des fonds. (www.islahospitalmenorca.org ; dons ; 8h45 dim avr-oct, excursions avec Yellow Catamarans depuis le Moll de Llevant ; 8h45 et 10h45 dim mi-juin à mi-sept, 10h30 jeu et 10h dim mai-oct, 8h45 dim nov-mars depuis Es Castell, muelle Fontanillas)

Cala Alcaufar

CRIQUE

10 Plan p. 30, D4

Cette crique a toujours été un lieu de villégiature pour les habitants de Mahón et Sant Lluís. Ils y ont construit leurs *casetas de vorera*, refuges de pêcheurs composés d'un hangar au rez-de-chaussée (destiné à stocker barque et matériel de pêche) et d'un minuscule espace de vie à l'étage où ils passent la nuit en été. Véritable prouesse d'urbanisme, ces bâtiments traditionnels simples et fonctionnels se fondent si parfaitement dans le paysage que la construction du premier petit hôtel de Minorque, sur la plage, n'a en rien perturbé l'harmonie de l'ensemble.

Se restaurer

Ses Forquilles

CUISINE D'AUTEUR **€€**

11 Plan p. 31, A3

Caché dans une rue proche de l'Explanada, ce restaurant doté d'une excellente sommelière propose un menu inventif et une cuisine sans chichis. On y sert aussi bien un savoureux *tataki* de thon que du *bacalao a la llauna*, de la truie mijotée, du croustillant de boudin et des sandwichs aux calamars, le tout servi en portions ou demi-portions. (☎971 352 711 ; www.sesforquilles.com ; Carrer Rovellada de Dalt 20 ; tapas et montaditos 2,50-7,70 €, plats 12,5-23 €, suggestions du chef 7,5-20 € ; ⏲13h-15h20 et 20h30-23h mar-dim, jusqu'à 23h20 l'été)

> **À savoir**
>
> **Horaires d'ouverture et tarifs des restaurants**
>
> Les plats de poisson suivis de la mention S.P.M. (*según precio mercado*, selon prix du marché) et les soupes et riz à la langouste coûtent beaucoup plus cher que les autres plats du menu (50-90 €). En basse saison, les jours et horaires d'ouverture des restaurants et des bars sont parfois aléatoires. Mieux vaut se renseigner par téléphone avant de se déplacer.

Mestre d'Aixa

CUISINE D'AUTEUR **€€€**

12 Plan p. 31, E2

Sous l'égide du chef Lucas, l'équipe élabore une cuisine d'avant-garde à base d'ingrédients de qualité. Le restaurant est installé dans un ancien atelier de menuiserie donnant sur le port et propose déjeuners, dîners et tapas à toute heure du jour. (☎971 966 801 ; Carrer Moll de Llevant 209 ; plats 30-40 € ; ⏲13h-24h mer-lun, 19h-24h mar)

El Cachito

CUISINE D'AUTEUR, TAPAS **€€**

13 Plan p. 31, E2

Laissez-vous guider par le sympathique propriétaire qui saura vous satisfaire et vous étonner de ses créations. Les marmites de calmars, les aubergines farcies et le *ceviche* vous donneront envie de revenir pour explorer d'autres facettes du menu. L'établissement possède en outre un emplacement enviable sur le port et une terrasse animée. (☎971 369 792 ; Carrer Moll de Llevant 278 ; tapas 2,80-3,80 €, plats 9,80-16 € ; ⏲12h-16h et 19h30-2h30 lun-dim mai à mi sept)

Jàgaro

PRODUITS DE LA MER **€€€**

14 Plan p. 31, E3

Ce classique est l'un des meilleurs restaurants du quartier du port de Mahón. On y sert la traditionnelle *caldereta de langosta* (soupe de langouste) minorquine, ainsi que de délicieux plats de riz, poissons et fruits de mer. À la gastronomie locale s'ajoutent d'autres plats méditerranéens et ibériques qui surprennent souvent par leur simplicité et leur originalité. Ne manquez pas les orties de mer. (☎971 362 390 ; Carrer Moll de Llevant 334 ; plats 40-50 € ; ⏱13h30-16h et 20h-23h)

S'Espigó

PRODUITS DE LA MER **€€€**

15 Plan p. 31, E2

Ce restaurant du port se passe de grands discours : le poisson (mérou, denté, rascasse, saint-pierre, moules, gambas de Mahón, etc.) est d'une telle fraîcheur et d'une telle qualité qu'il n'a pas besoin de recettes sophistiquées. Ici, on maîtrise mieux que partout ailleurs l'art et la manière de servir le poisson. (☎971 369 909 ; www.sespigo.com ; Carrer Moll de Llevant 267 ; plats 21-28 € ; ⏱13h-15h15 et 18h-22h15 mars-nov)

Rais

CUISINE D'AUTEUR **€€€**

16 Plan p. 31, E3

Sans doute l'un des meilleurs fourneaux de l'île, élaborant une exquise cuisine à déguster en terrasse, face au port de Mahón. Au menu figurent de délicieux carpaccios et tartares de bœuf local, du poisson frais grillé, des langoustes, des huîtres, des plats de riz originaux – notamment à l'*escalibada* (légumes rôtis) et à la sauce romesco – ainsi que des desserts imbattables, tel le riz au lait à la confiture de citron. (☎971 362 345 ; www.elrais.es ; Carrer Moll de Llevant 314 ; riz 13-24 €, plats 14-20 € ; ⏱13h-15h20 et 20h30-23h20 lun-sam l'été, jusqu'à 23h mer-dim le reste de l'année)

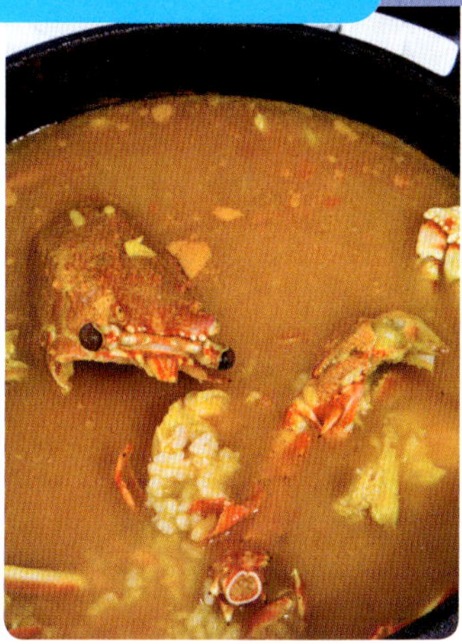

Caldereta de langosta

Casanova

ITALIEN, PIZZERIA **€€**

17 Plan p. 31, B2

Carmine, le chef, sert des pâtes enrobées de magie et d'autres délices italiens à prix raisonnables. Les pizzas sont préparées dans les règles de l'art : pâte travaillée lentement, cuisson parfaite et ingrédients de première qualité. Si seulement toutes les pizzerias valaient celle-ci ! (☎971 354 169 ; Carrer Moll de Ponent 15 ; pizzas 7-14 €, plats 11-15 € ; ⏱13h30-15h30 et 20h-0h30 tlj l'été, mai à mi-juin et mi-sept à oct mar-dim, 20h-0h30 jeu-ven, 13h30-15h30 et 20h-0h30 l'hiver sam-dim)

Santa Rita

CUISINE D'AUTEUR **€€**

18 Plan p. 31, B2

Alejo (derrière le comptoir) et Laura (aux fourneaux) servent des bouchées

Restaurant Trébol

exquises dans ce petit restaurant du centre de Mahón doté d'une grande terrasse. Leur devise, "tapas divines et bières célestes", est fort éloquente. Si vous avez du mal à faire votre choix, optez pour le menu "9 pasos". (971 352 297 ; Plaça Bastió 14 ; plats 25-30 € ; 13h-15h20 et 20h-23h20 lun-sam juin-oct)

Cap Roig MÉDITERRANÉEN, MINORQUIN €€€

19 Plan p. 30, D1

Ce restaurant a un atout de taille : la vue spectaculaire sur la mer mérite à elle seule la visite. Si la carte affiche d'appétissants plats de riz et soupes de langouste, n'oubliez pas de vous renseigner sur le poisson du jour, de première fraîcheur. Pour une table en terrasse, mieux vaut réserver. (971 188 383 ; www.restaurantcaproig.com ; Carrer Gran de Sa Mesquida 13, Sa Mesquida ; plats 12-30 € ; 12h-24h Semaine sainte à mi-oct)

Trébol PRODUITS DE LA MER €€

20 Plan p. 30, E2

Installé à Cales Fonts dans une des grottes où les pêcheurs rangeaient autrefois leurs barques et agrémenté d'une terrasse face à la mer, Trébol élabore une cuisine minorquine simple à base de poisson frais. Le riz onctueux est inoubliable. Faites-vous conseiller pour les spécialités du jour. (971 367 097 ; www.trebolmenorca.es ; Moll de Cales

Fonts 43, Es Castell ; plats 16-35 € ; ⏲13h-15h30 et 19h-tard Semaine sainte à mi-oct)

En Caragol

MÉDITERRANÉEN **€€**

21 Plan p. 30, D4

Les habitants affluent vers ce restaurant donnant sur un pan de mer encadré par l'île de l'Aire et les rochers qui bordent la Cala Torret. Ils viennent y contempler le magnifique coucher de soleil en dégustant du poisson frit du jour et une bière bien fraîche. Si vous arrivez tôt, sirotez tranquillement un mojito en attendant l'heure du dîner. (☎629 165 089 ; Carrer de S'Oronella 45, Sant Lluís ; plats 25-40 € ; ⏲12h30-16h et 19h30-23h mai-sept)

Pan y Vino

FRANÇAIS **€€**

22 Plan p. 30, D3

Patrick a su allier la grandeur de la cuisine française à la simplicité des ingrédients locaux, le tout saupoudré d'une savante note créative. Chaque année, une région est à l'honneur, une odyssée gastronomique qui va se prolonger sur plusieurs années. Le restaurant est installé dans une maison rurale du hameau de Torret. (☎971 150 201 ; panyvinomenorca.com ; Camí de la Coixa 3, Torret, Sant Lluís ; menus 37 et 50 €, plats 14-20 € ; ⏲19h15-22h30 mer-lun mi-avr à mi-oct, 19h15-22h30 ven, 13h-15h et 19h15-22h sam, 13h-15h30 dim mi-oct à mi-avr)

Es Molí de Foc

MÉDITERRANÉEN **€€**

23 Plan p. 30, B2

Cet ancien moulin du XIXe siècle a été transformé en restaurant. Le chef renommé y concocte des plats de riz uniques et des spécialités à base de bière artisanale maison. La cave est extrêmement bien fournie. (☎971 153 222 ; www.esmolidefoc.es ; Carrer de Sant Llorenç 65, Sant Climent ; plats 25 € ; ⏲13h30-15h30 et 20h-23h mar-dim)

Restaurante Es Canutells

PRODUITS DE LA MER **€€**

24 Plan p. 30, A3

Intégré à un lotissement, ce restaurant offre une magnifique vue sur la crique. Il a pour spécialité la langouste (fraîchement arrachée au vivier) accompagnée d'un œuf sur le plat

100% minorquin

Marchés de Mahón

Mahón compte deux marchés incontournables. Sur le **Mercat des Claustre** (plan p. 31, C2 ; ☎971 352 416 ; ⏲7h30-21h lun-sam) s'alignent des étals alimentaires – viande, fruits, légumes, fruits secs –, des boutiques de produits minorquins, des fleuristes, des stands de souvenirs et d'artisanat et un atelier de verre et de céramique. Le second, le **Mercat de Pescados** (marché aux poissons, plan p. 31, B2 ; ⏲7h30-14h lun-sam) est un bâtiment de 1927 conçu par l'architecte Francesc Femenías, où l'on trouve des produits de la mer de première fraîcheur. Depuis peu, quelques établissements proposent aussi de savoureuses tapas à déguster sur place ou à emporter.

La terrasse du Blue Sky Bar offre une vue splendide sur la baie de Mahón

et de frites. Ne vous contentez pas de la carte : renseignez-vous aussi sur la pêche du jour. (☎971 188 934 ; Diseminado Canutells, Es Canutells ; suggestions du chef 7,5-20 € ; ⏱13h-15h30 jeu-mar avr-mai, été 13h-15h30 et 19h-23h jeu-mar)

Prendre un verre

Es Claustre

COUVENT RECONVERTI

25 Plan p. 31, C3

Voici un lieu des plus insolites pour s'offrir une pause pendant une séance de shopping ou profiter d'une parenthèse dans le cloître d'un couvent carmélite du XVIIe siècle. La mairie de Mahón a eu l'excellente idée de donner une seconde vie à cet espace un peu négligé jusqu'alors. Il fait bon y déguster en extérieur un gin tonic, un vermouth ou une collation servie par le restaurant adjacent, Gastronómic, en écoutant des musiciens de renom comme Jordi Savall, El Gran Wyoming y los Insolventes, Albert Pla ou Love of Lesbian. (www.esclaustre.com ; Pati del Claustre del Carme 50 ; ⏱8h-21h mai-déc, concerts 22h, juil-sept terrasse ouverte)

Bodegas Binifadet

BODEGA, BAR À VINS

26 Plan p. 30, D3

Cette cave a modernisé ses locaux. Elle dispose désormais d'un petit restaurant et d'un bar à vins où l'on vient déguster ses crus, notamment son célèbre Merluzo, dans un cadre informel et décontracté donnant sur les vignes. Des visites de la cave sont également proposées. (☎971 150 715 ; www.binifadet.com ; Camí de ses Barraques s/n, Sant Lluís ; 11h-24h)

Paupa

BAR MUSICAL

27 Plan p. 30, C4

Ce petit établissement agrémenté d'une vaste terrasse donnant sur la mer arbore une ambiance familiale de bar de plage en journée, sert des déjeuners et dîners simples mais savoureux, et se transforme à la nuit tombée en bar et, parfois, en salle de concerts en plein air. Les soirées Pleine Lune sont d'une grande originalité. (☎971 359 030 ; www.paupa.es ; Carrer de Platja de Llevant s/n, Binibèquer Nou ; 11h-23h mai-sept)

Blue Sky Bar

COCKTAILS

28 Plan p. 30, D2

Pour prendre un verre, rien de plus cool que ce bar qui domine la baie de Mahón du haut de la terrasse de l'Hotel Barceló Hamilton, à Es Castell. S'inspirant du concept des plages urbaines, il propose non seulement des cocktails, de la musique et un panorama spectaculaire, mais aussi des lits balinais, une zone lounge, un solarium et des baignoires hydromassantes. En été, il accueille le Menorca Slow Festival, combinaison parfaite de musique et de détente. (☎971 362 050 ; www.barcelo.com ; Hotel Barceló Hamilton, Passeig Santa Àgueda 6, Es Castell ; 11h-1h dim-mer, 11h-2h mar-sam, juin-sept)

Sortir

Tiffany's Menorca

DISCOTHÈQUE

29 Plan p. 30, C2

Cette célèbre chaîne de discothèques a décidé de s'implanter à Mahón. Elle a choisi pour cela la terrasse estivale du restaurant El Grill, dans un cadre rural près de l'aéroport. Il s'agit donc d'une discothèque à ciel ouvert, sous les étoiles, où se déhanche un public d'âges variés sur des tubes des années 1970 et 1980. Dès le mois de juin, tous

À savoir

Se déplacer

Circuler à Minorque est parfois un casse-tête, surtout l'été. S'il est souvent plus pratique de disposer de son propre véhicule, en haute saison, il s'avère parfois difficile voire impossible de se garer en centre-ville et aux abords de certaines plages. Les bus sont plus nombreux l'été, mais ne permettent pas une grande flexibilité. Ils sont néanmoins pratiques pour sortir le soir sans avoir à conduire ou accéder à certaines plages où les possibilités de stationnement sont très limitées. Les taxis se font rares : mieux vaut ne pas trop compter sur cette solution.

Ca s'Esparter

les week-ends a lieu une fête ou un concert. En juillet-août, il y en a aussi en semaine. Agréable espace détente. (☎971 367 903 ; www.facebook.com/grill.menorca ; route de l'aéroport s/n ; ⌚23h-4h avr-sept)

Shopping

Avarca Shop

SANDALES MINORQUINES

30 Plan p. 31, A3

Les *abarcas*, ou *avarcas*, sont des sandales typiques de Minorque, sans talon, dotées de semelles en pneu. On en trouve ici toutes sortes de modèles, dans des coloris aux noms évocateurs, par exemple blanc *escopinya* (coque), vert *ullastre* (olivier), bleu Faro Cavallería ou sable de Binigaus. Une seconde boutique a ouvert à Cales Fonts. (☎971 369 309 ; www.avarcashop.com ; Carrer de Ses Moreres 47 ; ⌚9h30-21h lun-dim Semaine sainte-oct)

Sa casa des cotó

ARTICLES EN COTON

31 Plan p. 31, A3

D'après la responsable, cette boutique est l'endroit idéal si vous cherchez des vêtements méditerranéens : chemisiers, robes, tuniques, paréos, foulards, articles en coton, vêtements pour enfants très amusants, sacs et autres accessoires. Grandes tailles disponibles. (Carrer de Ses Moreres 19 ; ⌚9h30-21h mars-oct)

Ca s'Esparter

ARTICLES D'ÉQUITATION, SPARTERIE

32 Plan p. 31, A2

Ce magasin fondé en 1815 est reconnaissable à son enseigne en forme de tête de cheval (en carton, heureusement). C'est une boutique comme on n'en fait plus, pleine d'articles que les citadins n'auraient jamais imaginé trouver dans un seul et même lieu. Ce joyeux bric-à-brac réunit selles, licous, étriers, sacoches, fers, gibecières, poulies, paniers, *avarques* (sandales), armes, munitions, espadrilles, couteaux *de pagès* (canifs), fourrage, cruches... Impossible d'en ressortir sans une trouvaille inattendue et un sourire ravi. (☎971 363 615 ; facebook.com/casesparter ; Carrer s'Arraval 7 ; ⌚9h-14h et 17h-20h30 lun-ven, 9h-14h sam)

Joyeria Vives

BIJOUTERIE

33 Plan p. 31, B3

La gemmologue Aina Riera et l'orfèvre Joan Vives ont repris cette affaire familiale vieille de trois générations. Ils y présentent trois lignes de bijoux : créations haut de gamme conçues et fabriquées sur place, bijoux ethniques élaborés avec des matériaux rapportés chaque année d'Asie et travaillés dans l'atelier d'orfèvre, et des objets en perles provenant du marché aux perles de Hong Kong. (971 36 28 46 ; jademenorca.com/joyeria-vives ; Carrer Nou 29 ; 10h-13h30 et 17h-20h lun-ven, jusqu'à 20h30 l'été, fév fermé)

Destilerías Xoriguer

GIN

34 Plan p. 31, A2

Une visite dans cette distillerie permet de découvrir le processus d'élaboration de la boisson minorquine la plus populaire, de la distillation dans des alambics de cuivre à la mise en bouteille, mais aussi de goûter et d'acheter du gin et d'autres spiritueux maison comme la *figa de moro* (figue de Barbarie), des liqueurs aux herbes et de l'alcool de café ou de camomille de la Mola. (971 362 197 ; www.xoriguer.es ; Moll de Ponent 91 ; 8h-19h lun-ven, 9h-13h sam)

GOB (Grup Ornitològic Balear)

STAND ÉCOLOGIQUE

35 Plan p. 31, B3

Sur le Mercat des Claustre, à droite en entrant, se trouve le stand du GOB. On y vend des produits locaux portant le label Custodia Agraria, ainsi qu'une sélection de livres sur Minorque. Les personnes qui tiennent le stand, très affables, sont incollables sur les oiseaux de l'île et se font un plaisir de répondre aux questions à ce sujet. (www.gobmenorca.com ; Plaça del Carme s/n ; 10h-13h30 lun-sam)

Destilerías Xoriguer

De vins Menorca

VINS, SPIRITUEUX

36 Plan p. 30, C1

Pour Dani, marin de la marine marchande et Curro, enseignant de lycée, c'est une vraie vocation : ils ont étudié l'œnologie par amour du vin et ouvert cette boutique qui propose une vaste gamme de vins minorquins, espagnols et français, vendus entre 2,95 et 1 815 €, ainsi qu'une sélection d'eaux-de-vie et de liqueurs françaises,

Comprendre

Fromage de Mahón

Ce sont les autorités britanniques qui ont introduit l'élevage bovin à Minorque, jetant ainsi les bases de la production fromagère de l'île. Le Queso Maó Menorca Artesà, celui qui remplit le plus strictement les critères de la DOP (*Denominación de Origen Protegida*), est un fromage au lait cru. Pour lui donner sa forme carrée caractéristique, la pâte est enveloppée dans un linge en coton, le *fogasser*, qui est essoré à la main puis introduit dans une presse. Les plis du tissu s'impriment alors sur la face supérieure, formant un motif appelé *mamella*.

Le processus s'achève par l'étape de maturation, pendant laquelle la pâte est imbibée d'huile et de piment jusqu'à la formation d'une croûte orangée. Suivant le degré d'affinage, le fromage sera classé dans l'une des trois catégories Maó DOP : non affiné, semi-affiné ou affiné. Le fromage Maó Menorca produit industriellement, également protégé par une DOP, se distingue entre autres du fromage artisanal par le fait qu'il est fabriqué à base de lait pasteurisé et pressé dans un moule métallique au lieu du *fogasser* traditionnel.

de whiskys, de grappas, de vermouths et de gins. Le sommelier Marcel, qui dirige la boutique, en connaît un rayon sur les vins nationaux. Il y a même une petite section épicerie fine comportant diverses curiosités, notamment du sel liquide. (☎971 362 194 ; www.devinsmenorca.com ; Camí de ses Vinyes 118 ; 🕒9h-14h et 17h-20h30 lun-sam)

S'Hort Ecològic

MAGASIN BIO

37 🛍 Plan p. 30, D1

C'est au climat sec, au sel charrié par le vent et à la rudesse du sol que les fruits et légumes de Minorque doivent leur goût intense. Vous pourrez vous procurer ici ces produits "zéro carbone", ainsi que des pâtes italiennes, différentes variétés de riz et de légumes secs, des céréales, des produits macrobiotiques, des plats tout préparés, des algues, des fruits secs, des épices et d'autres denrées. (☎971 354 603 ; Av. de Vives Llull 91 ; 🕒9h-13h30 et 17h-20h lun-ven, 9h-13h30 sam)

La Maravilla

OBJETS DESIGN

38 🛍 Plan p. 31, B2

Ni quincaillerie, ni magasin de luminaires... Ni avion, ni oiseau... cette boutique insolite mérite une visite rien que pour tenter d'en définir la nature : on y vend de curieuses ampoules, des lampes étonnantes, des ustensiles de cuisine, des petits meubles et des dizaines d'articles débordant d'ingéniosité. (☎971 367 474 ; www.lamaravilla.es ; Carrer del Portal del

Mar 7 ; 10h-14h et 17h30-20h30 lun-ven, 10h-14h sam)

Can Bernat

FROMAGERIE

39 Plan p. 30, B2

En pénétrant dans cette boutique, commencez par une dégustation de fromages (à pâte dure ou molle, mixte, de vache ou de chèvre). Vous pourrez ensuite faire votre choix en connaissance de cause. On y trouve aussi une sélection des meilleures marques de produits locaux : charcuterie, *ensaimadas* (escargots, pâtisseries en spirale), vins, confitures, liqueurs et soubressade de fabrication maison. Boutique en ligne également. (971 156 111 ; www.canbernat.net ; Pla de Sant Climent 8, Sant Climent ; 9h-13h et 16h-20h)

Comprendre

Mayonnaise mahonnaise

L'origine de la mayonnaise a donné lieu à moult spéculations. La version la plus courante met en scène le duc de Richelieu qui gouvernait Minorque au XVIIIe siècle, alors occupée par la France. Pour célébrer la bataille qui a vu les Français triompher des Anglais et conquérir l'île, le duc organise un banquet. Son cuisinier s'inspire alors de l'*all-i-oli* pour créer une nouvelle sauce sans ail qu'il baptise alors mahonnaise en hommage à la capitale minorquine. Rapidement popularisée en France, son nom dérive en mayonnaise.

Fromage de Mahón

Es Llonguet

PÂTISSERIE

40 Plan p. 31, B2

Cette pâtisserie artisanale est facile à repérer depuis la rue : il suffit de se laisser guider par l'arôme du pain à peine sorti du four. Vous y trouverez des gâteaux secs minorquins en tous genres, sucrés et salés, notamment des *ensaimadas*, des *rubiols*, des *formatjades* et des petits pains à la soubressade. L'agréable bar où sont servis de délicieux petits déjeuners et goûters arbore une décoration vintage. (971 961 196 ; Carrer del Rosari 12, Mahón ; 7h30-20h30, dim fermé)

Les incontournables
Environs de Mahón

Comment y aller

Bus La ligne L93 relie Mahón à Binibèquer. Pour les autres destinations, un véhicule personnel est indispensable.

Les environs de Mahón se divisent en deux zones bien définies. Au nord s'étendent le Parc Natural de S'Albufera des Grau et le cap de Favàritx, formant un environnement naturel d'une grande richesse biologique. Depuis que l'île a été déclarée réserve de biosphère, le secteur est protégé contre l'urbanisme sauvage qui le menaçait encore il y a quelques années. Au sud se trouvent les communes d'Es Castell, fondée par les Anglais à l'embouchure du port de Mahón, et Sant Lluís, établie par les Français, nichées au cœur d'un réseau dense d'habitations côtières.

Binibèquer Vell

À ne pas manquer

Fort Marlborough

Ce **fort** (☎902 929 015 ; Cala Sant Esteve s/n, Es Castell ; adultes/enfants 3/1,80 € lun et - de 8 ans gratuit ; ⏲10h-15h lun-mar, 9h30-19h30 mer-dim semaine sainte-fin nov, 9h30-15h jeu-dim déc, 21 déc-semaine sainte fermé) équipé de batteries de canons fut construit par les Anglais entre 1710 et 1726 pour protéger l'embouchure du port de Mahón. Il abrite aujourd'hui une exposition sur la vie à Minorque aux XVIIe et XVIIIe siècles.

Binibèquer Vell

À 8 km au sud de Mahón, **Binibeca** est un faux village de pêcheurs construit entre 1964 et 1968. Ses maisonnettes blanches, serrées les unes contre les autres le long des ruelles étroites qui descendent vers l'embarcadère, semblent tout droit sorties d'un dessin animé.

Cala Mesquida

Cette baie en forme de coquillage est encadrée par deux pointes, Sa Creueta et le Pa Gros. Elle renferme deux criques, l'une rocailleuse (**Cala Mesquida**) et l'autre bordée de sable fin (**Arenal de sa Mesquida**), séparées par une pointe où se dresse une tour de défense spectaculaire. Avec son fond rocheux et ses eaux relativement peu profondes, l'endroit est idéal pour la plongée.

S'Albufera des Grau

Cette **lagune** d'eau douce déclarée réserve de biosphère par l'Unesco rejoint la mer via le canal de la Gola, à travers les dunes. Bien que peu étendue, elle se caractérise par une grande richesse végétale du fait de ses microclimats et de la richesse géologique du sol. La lagune est peuplée de toutes sortes d'oiseaux aquatiques et de rapaces. On peut se contenter de jeter un œil rapidement

☑ À savoir

- Le naturisme n'étant pas clairement réglementé, les personnes qui s'y adonnent sur des plages où il n'est habituellement pas pratiqué ne peuvent être poursuivies. Quoi qu'il en soit, il est déconseillé de faire du naturisme sur les plages "textiles".
- Respectez la signalisation pour accéder en voiture aux parkings des plages sauvages et du Far de Favàritx, car nombre de ces zones font partie du parc naturel.
- Si vous prévoyez de randonner à Favàritx ou dans le parc naturel, prévoyez l'équipement nécessaire : chaussures confortables, chapeau, écran solaire et eau potable.

Une petite faim ?

En Caragol (p. 39), stratégiquement situé face à la mer, est le lieu idéal pour profiter d'un coucher de soleil inoubliable, mais il est préférable d'y renoncer en cas de vent.

ou choisir de participer à différents circuits d'une journée. Le **Centre de recepció-interpretació Rodríguez Femenías** (☎ 971 177 705 ; balearsnatura.com/home ; route Mahón-Es Grau km 3,5, sortie Llimpa) est un bon point de départ : vous y trouverez des renseignements sur les trois circuits sillonnant les secteurs les plus intéressants.

Favàritx

À 17 km au nord de Mahón, le **Far de Favàritx**, construit en 1922, se dresse sur une pointe schisteuse, au beau milieu d'un sombre paysage lunaire battu par la mer et la tramontane, totalement dépourvu de végétation. Cet endroit est intégré au Parc Natural de S'Albufera des Grau. En haute saison, des embouteillages se forment à l'entrée de la route d'accès au phare et le parking affiche vite complet. Il est donc conseillé d'arriver tôt.

Cala Tortuga

L'une des plus jolies criques sauvages de Minorque, baignée d'eaux peu profondes et idéale pour une matinée de plage tranquille avec des enfants, à condition qu'ils aiment bien marcher. La **Cala Tortuga** est située à 2 km au sud du parking du phare de Favàritx, ce qui oblige à une marche de plus de 30 minutes sur le camino de Camomilla, puis sur le Camí de Cavalls. L'isolement du lieu favorise la pratique du nudisme.

Cala Tortuga

S'Albufera des Grau

100% minorquin
Route des talayots dans l'est de l'île

Comment y aller

Aucun transport public ne s'arrête à proximité de ces lieux. Un véhicule personnel est donc indispensable.

Un *talayot* est un monument préhistorique en pierre sèche en forme de tour, qui servait de mirador. À Minorque, on trouve plus de 1 500 sites de ce type, reconnaissables à certains éléments caractéristiques : la *taula* (table – mégalithe en forme de T), la *naveta* (navire – lieu de sépulture) et les *talayots*. Les férus d'archéologie pourront se procurer le *Mapa Arqueológico de Menorca* (carte archéologique de Minorque) de Mascaró Pasarius, ou simplement repérer les panneaux violets sur les routes, qui indiquent les monuments les plus faciles d'accès. L'itinéraire suivant permet d'explorer les principaux sites de l'est de l'île.

❶ Village talayotique de Binissafullet

Proche de la route Sant Lluís-Binissafúller, le village de **Binissafullet** (gratuit), bien indiqué, abrite des vestiges remontant au Xe siècle av. J.-C., bien que son apogée se situe entre les IVe et IIIe siècles av. J.-C. Les fouilles ont permis d'exhumer des restes d'amphores de la période punique ayant contenu du vin et de la viande. Ces vestiges, ainsi que les traces de feu retrouvées dans l'enceinte de la *taula*, évoquent une forme de rite religieux.

❷ Talayot de Trebalúger

Ce *talayot* (gratuit), un des plus anciens de l'île, se trouve à **Trebalúger**, entre Sant Lluís et Es Castell. D'après la datation carbone, le site remonterait à 1430-970 av. J.-C. Présentant un plan elliptique, il a été bâti sur un rocher, sur des fondations plus anciennes. Le *talayot* est entouré d'une structure polygonale.

❸ Village talayotique de Trepucó

Situé sur le chemin du même nom, qui constitue le prolongement de la Carrer Cos de Gràcia de Mahón, le village de **Trepucó** (gratuit) est l'un des plus importants : il s'étend sur 5 000 m², bien qu'il ne conserve que deux *talayots*, quelques ruines de remparts, deux tours, l'enceinte de la *taula* et les vestiges de quelques maisons. L'un des *talayots* remonte à 1000 av. J.-C. et les maisons à 600-100 av. J.-C. Le village fut attaqué pendant la seconde guerre punique (218-201 av. J.-C.), c'est pourquoi on a retrouvé des objets domestiques abandonnés dans la précipitation.

❹ Village talayotique de Sa Cudia Cremada

Entre Mahón et Sant Climent, près de la route, le village de **Sa Cudia Cremada** (visites à réserver sur www.cudiacremada.com) comprend trois *talayots* (dont deux à plan circulaire), une enceinte de *taula*, un mur cyclopéen, un silo et un hypogée au toit soutenu par six colonnes.

❺ Village talayotique de Talatí de Dalt

Talatí de Dalt (tarif plein/étudiants 4/3 €, - de 8 ans gratuit), sur la route reliant Mahón à Alaior, est l'un des sites les mieux conservés. Outre le village proprement dit, on y trouve une nécropole installée dans des grottes artificielles. Le site comprend l'enceinte de la *taula*, plusieurs salles hypostyles, des maisons et des pans de muraille.

❻ Village talayotique de Torralba d'en Salort

Le site de **Torralba d'en Salort** (tarif plein/étudiants et retraités 3,5/2 € l'été, - de 12 ans gratuit), habité entre l'an 1000 av. J.-C. et le Moyen Âge, est accessible depuis la route Alaior-Cala en Porter. C'est l'un des plus spectaculaires : il comprend deux *talayots*, la *taula* (mesurant 5 m, c'est la plus haute de l'île), des grottes artificielles, des maisons et une salle hypostyle.

Explorer

Le centre de l'île, du nord au sud

Enchâssé entre la côte nord nettement découpée, bordée de criques sauvages et d'aménagements touristiques, et les plages infinies du Sud, ce vaste territoire – à l'échelle de Minorque – est un univers à part. Quant aux villages de l'intérieur, ils ont le mérite de s'être enrichis grâce au tourisme sans pour autant y perdre leur âme, ni abandonner leur tradition d'agriculture et d'élevage.

L'essentiel en un jour

La journée commence par un petit déjeuner composé de pâtisseries minorquines chez **Cas Sucrer** (p. 70), à Es Mercadal, puis par une visite de la Parròquia de Sant Martí et de l'Aljibe de Kane. Rendez-vous ensuite en voiture jusqu'au parking de la Cala Binimel·là d'où vous pourrez rejoindre à pied la **Cala Pregonda** (p. 55) via le Camí de Cavalls pour profiter d'une matinée de plage.

Regagnez Es Mercadal pour un déjeuner minorquin à **Es Molí des Racó** (p. 67) et faites l'ascension du **monte Toro** (p. 62) ; depuis la cafétéria du couvent des sœurs franciscaines, admirez la vue panoramique sur l'île. Empruntez ensuite le Camí de Tramuntana en direction de Fornells et la bifurcation menant au **Far de Cavalleria** (p. 55) pour visiter son petit musée et contempler le coucher de soleil.

À Fornells, sirotez un verre dans l'un des bars du port tout en planifiant votre soirée. Pour le dîner, optez pour **Es Cranc** (p. 63) ou **Es Port** (p. 64). Pour terminer, rien ne vaut une courte promenade sur le port avant de se diriger vers la plage pour une soirée tranquille dans la zone détente de l'**Isabella Beach Club** (p. 68), un gin tonic à la main.

Les incontournables

Le Nord féroce (p. 54)

Le Sud clément (p. 58)

Le meilleur du secteur

Se restaurer

Es Cranc (p. 63)

Ca Na Pilar (p. 68)

Prendre un verre

Isabella Beach Club (p. 68)

Cova d'en Xoroi (p. 68)

Shopping

Pasearte (p. 70)

Jaime Mascaró (p. 71)

Comment y aller

Plusieurs bus relient Mahón aux villages et à quelques sites du centre de l'île. Toutefois, pour explorer cette région, mieux vaut disposer d'une voiture, une moto ou un vélo, ou louer un de ces véhicules.

Les incontournables

Le Nord féroce

Ceux qui n'ont connu Minorque qu'en période estivale, bercée d'une douce brise et baignée de soleil, auront du mal à comprendre ce que la côte nord peut bien avoir de "féroce". À l'inverse, ceux qui ont vu la tramontane fouetter la côte un après-midi d'hiver trouveront peut-être que le mot est faible. Le paysage est éloquent : la côte déchiquetée, les troncs penchés et la végétation luttant pour survivre aux bourrasques témoignent de ces intempéries.

Plan p. 60

L45

Cala Pregonda

À ne pas manquer

Far de Cavalleria

À 6 km de Fornells, à la pointe d'un cap escarpé, se dresse le **Far de Cavalleria** (plan p. 60, C1), le plus spectaculaire de Minorque, perché sur une haute falaise (94 m) et orienté vers le nord. Il offre un panorama des plus impressionnants sur l'île, surtout l'été, à l'heure du coucher de soleil. Tout autour parmi les rochers se cachent des bunkers datant de la guerre civile. Le phare renferme un petit **musée** (adulte/- de 12 ans 3 €/gratuit ; 10h30-15h mai et oct, 10h30-20h30 juin-août, 10h30-20h sept), appelé El Nord del Nord, Centre d'Interpretació del Cap de Cavalleria.

Cala Pregonda

Hormis pour les habitants des trois maisons construites au bord de la plage, l'accès à la **Cala Pregonda** (plan p. 60, B1) n'est possible qu'en bateau ou via le Camí de Cavalls. De fait, c'est l'une des moins fréquentées de l'île, avec la Cala Binimel·là. S'étendant sur à peine 200 m, cette crique en fer à cheval est protégée par une série d'îlots à l'ouest. Ses eaux turquoise, son sable doré et ses rochers rougeâtres forment un ensemble chromatique dont l'harmonie subjuguerait bien des peintres. Dans les années 1970, Mike Oldfield aurait habité l'une des maisons de la crique pour se remettre du succès de son disque *Tubular Bells*.

Fornells

Fornells (plan p. 60, C1), hameau d'Es Mercadal, s'est développé autour de sa magnifique baie, qui servait autrefois de refuge aux pirates. C'est justement pour la protéger des corsaires que fut construit au XVIIe siècle le Castell de Sant Antoni. Les habitants se sont progressivement installés autour de la forteresse. C'est également pour la défendre que les Anglais construisirent au XIXe siècle la Torre

☑ À savoir

- Tout le charme du Nord tient à son environnement préservé. Il faut le respecter, éviter de le souiller ou d'y empiler des pierres – une pratique à la mode grotesque, qui enlaidit le paysage.
- Que vous traversiez en voiture ou à pied les propriétés rurales, refermez bien les barrières en bois pour ne pas laisser s'échapper le bétail.
- L'eau est un bien précieux et il est difficile de s'en procurer en chemin. Par forte chaleur, mieux vaut prévoir des boissons fraîches.
- En haute saison, il est presque impossible d'échapper au flot de touristes dans les restaurants. Pensez à réserver.

Une petite faim ?

Hostal La Palma (971 158 843 ; www.hostallapalma.com ; Plaça S'Algaret 6, Fornells) Le restaurant de cet *hostal* est parfait pour prendre le pouls de Fornells en dégustant un plat de poisson.

de la Bocana (Tour de l'Embouchure). Fornells a su conserver son charme marin malgré l'essor du tourisme et constitue une magnifique base pour explorer quelques-unes des plus belles criques de la côte nord, comme **Tirant** ou **Pregonda** (p. 55), et le phare de Cavalleria (p. 55). Sa coquette Parròquia de Sant Antoni, église du XVIIIe siècle, mérite une visite approfondie.

Arenal d'es Castell

Même les inconditionnels des plages sauvages reconnaissent qu'**Arenal d'es Castell** (plan p. 60, D2) est l'une des plus jolies de Minorque, bien qu'elle soit entourée d'aménagements touristiques et d'hôtels démesurés, qui frôlent parfois la côte. Cette baie presque circulaire au sable doré et aux eaux turquoise, qui s'étend de la Raconada d'es Forat à Ses Llautanies, est d'une éblouissante beauté. Située à 9 km au nord d'Es Mercadal, elle est très fréquentée en juillet et en août – elle est facilement accessible en voiture et la population locale y vient aussi l'été. L'avantage est qu'on y trouve tous les services de plage imaginables.

Parròquia de Sant Antoni, Fornells

Cabo de Cavalleria

Les incontournables

Le Sud clément

Contrastant avec le relief tourmenté du Nord, les paysages du Sud sont paisibles et variés : ils se composent de plages d'une longueur insoupçonnée comme Son Bou, Binicodrell, Sant Tomàs ou Binigaus, et de ravins humides tapissés d'une végétation luxuriante débouchant sur des criques urbanisées, comme la Cala en Porter, la Cala Canutells ou la Cala Galdana, ou encore sur de petites criques sauvages comme la Cala Trebalúger ou la Cala Covas. Au centre s'étend un paysage rural agricole, semé de bâtiments rustiques, charmants et fonctionnels à la fois.

Plan p. 60

L10

Village talayotique de Torre d'en Galmés

À ne pas manquer

Cala Trebalúger

La **Cala Trebalúger** (plano p. 60, A4), inaccessible en voiture et difficile d'accès à pied, est une petite plage de sable blanc aux eaux bleu clair, où débouche un ruisseau. Son isolement en a fait un refuge idéal pour ceux qui cherchent à échapper à la foule, surtout en juillet et en août. Pour y accéder, il faut se garer à la Cala Mitjana et, de là, suivre le chemin côtier en direction de Trebalúger.

Platja de Son Bou

La **platja de Son Bou** (plano p. 60, B4), plage la plus vaste de Minorque (2,5 km), est très touristique, quoiqu'un peu plus sauvage à mesure qu'on avance vers l'ouest. À l'extrémité est se dressent les vestiges d'une ancienne basilique paléochrétienne du Ve siècle de 25 m × 12 m, comportant trois nefs séparées par des colonnes et de curieux fonts baptismaux.

Torre d'en Galmés

Sur la route de Son Bou, une bifurcation sur la gauche au niveau de Santa Ponça mène au **village talayotique de Torre d'en Galmés** (plan p. 60, C4 ; ⌚10h-14h mar-dim). S'étendant sur plus de 6 ha, il comprend trois *talayots*, des murs, des maisons, une *taula,* un système de recueillement des eaux, des citernes, des portes à linteau et des salles hypostyles : c'est le plus grand site talayotique des Baléares. Il a connu son apogée vers le XIIIe siècle av. J.-C.

Cala Canutells

De dimensions réduites, la **Cala Canutells** (plan p. 60, D5) est nichée au bas d'un ravin, à l'embouchure d'un torrent. En cas de fortes pluies, une minuscule lagune se forme parfois derrière la plage. Il est facile d'y accéder en voiture depuis Sant Climent. Le **restaurant** (p. 40) offre une vue magnifique.

☑ À savoir

- Le tronçon de route entre Mahón et Alaior connaît un taux record d'accidents. Circulez avec prudence.
- Si vous voyez des méduses, faites attention au sens du vent : s'il souffle du nord, mieux vaut opter pour les plages du Sud, et vice-versa.
- Dans certaines criques sauvages du Sud, les parkings affichent vite complets en haute saison. Dans ce cas, des panneaux dissuadent généralement les automobilistes de s'engager sur le chemin d'accès.
- Pour éviter ce désagrément, le mieux est d'arriver aux criques tôt le matin ou l'après-midi.

Une petite faim ?

Xiringuito Es Corb Marí (✆609 257 924 ; platja de Son Bou). Sur une plage où les bons restaurants ne sont pas légion, celui-ci sert des tapas correctes et donne le sentiment d'être vraiment en vacances.

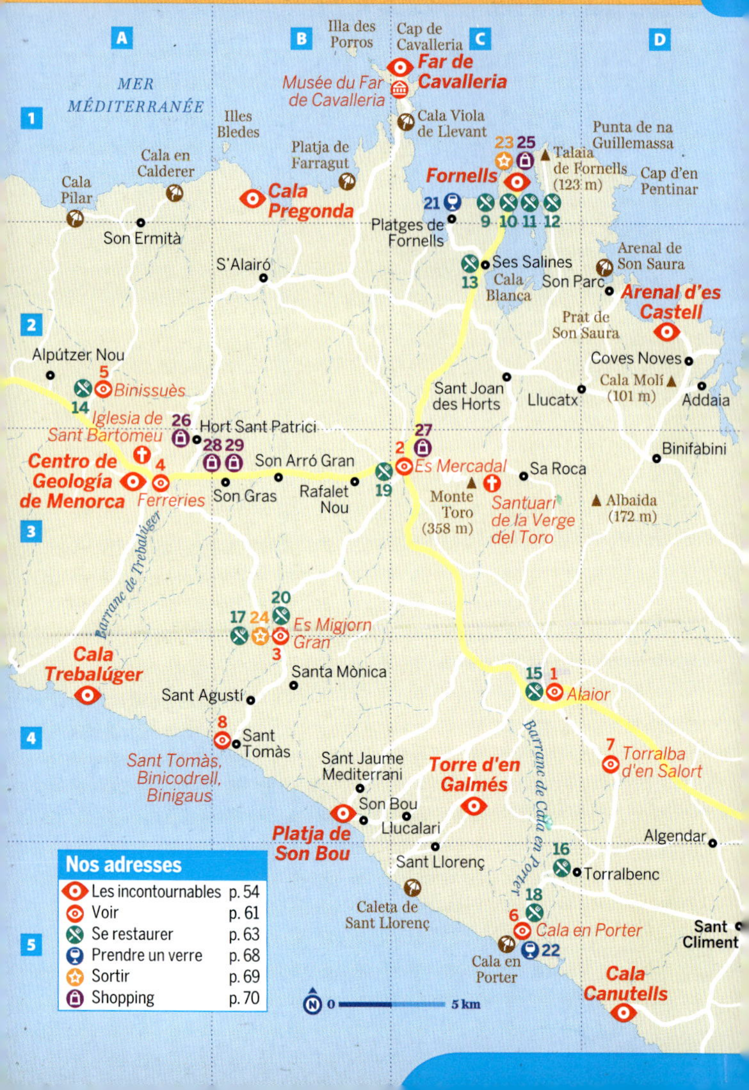
A
B
C
D
1
2
3
4
5
MER MÉDITERRANÉE
Illa des Porros
Cap de Cavalleria
Far de Cavalleria
Musée du Far de Cavalleria
Cala Viola de Llevant
Illes Bledes
Platja de Farragut
Cala en Calderer
Cala Pilar
Son Ermità
Cala Pregonda
Punta de na Guillemassa
Talaia de Fornells (123 m)
Cap d'en Pentinar
Fornells
Platges de Fornells
Ses Salines
Cala Blanca
Son Parc
Arenal de Son Saura
Arenal d'es Castell
Prat de Son Saura
S'Alairó
Alpútzer Nou
Binissuès
Iglesia de Sant Bartomeu
Hort Sant Patrici
Centro de Geología de Menorca
Ferreries
Son Gras
Son Arró Gran
Rafalet Nou
Es Mercadal
Monte Toro (358 m)
Santuari de la Verge del Toro
Sant Joan des Horts
Llucatx
Coves Noves
Cala Molí (101 m)
Addaia
Binifabini
Sa Roca
Albaida (172 m)
Barranc de Trebalúger
Es Migjorn Gran
Santa Mònica
Cala Trebalúger
Sant Agustí
Sant Tomàs
Sant Tomàs, Binicodrell, Binigaus
Sant Jaume Mediterrani
Son Bou
Platja de Son Bou
Llucalari
Torre d'en Galmés
Sant Llorenç
Caleta de Sant Llorenç
Alaior
Barranc de Cala en Porter
Torralba d'en Salort
Algendar
Torralbenc
Cala en Porter
Sant Climent
Cala Canutells
0 5 km
Nos adresses
Les incontournables p. 54
Voir p. 61
Se restaurer p. 63
Prendre un verre p. 68
Sortir p. 69
Shopping p. 70

Voir

Alaior

VILLAGE

1 Plan p. 60, C4

Fondé par Jacques II de Majorque au début du XIVe siècle, Alaior se trouve à 12 km de Mahón. Depuis la route, le village est particulièrement charmant, avec ses maisons blanches occupant un long promontoire dominé par l'imposante Església de Santa Eulàlia. Dans le Carrer des Forn, ne manquez pas le Pati de sa Lluna, cloître d'un ancien couvent franciscain dont subsiste également l'Església de Sant Diego, appelée localement Sant Diegu.

Es Mercadal

VILLAGE

2 Plan p. 60, C3

Situé exactement au centre de l'île, au pied du monte Toro, Es Mercadal invite à la promenade. Ses rues soignées sont bordées de maisons chaulées d'un blanc immaculé. La Parròquia de Sant Martí, construite au XVe siècle, a été modifiée au cours des XVIIIe et XIXe siècles. Jetez un œil à l'Aljibe, une citerne construite par le gouverneur Kane au XVIIIe siècle et utilisée pendant plus de deux siècles.

Es Migjorn Gran

VILLAGE

3 Plan p. 60, B3

Comme son nom l'indique, ce petit village est situé tout au sud de l'île (Migjorn signifie "midi" en minorquin). Fondé en 1768 par des habitants de Ferreries, il abrite la Parròquia de Sant Cristòfol, datant du XVIIIe siècle. La municipalité a conservé l'aspect d'origine du village, car il a par bonheur échappé aux touristes, qui sont davantage attirés par les plages du Sud.

Església de Sant Dídac, Alaior

Ferreries

VILLAGE

4 Plan p. 60, A3

Au XIVe siècle, Jacques III de Majorque fonda la Parròquia de Sant Bartomeu, à 16 km de Ciutadella, autour de laquelle s'est lentement regroupée la population. Aujourd'hui, le village compte 3 600 habitants qui se consacrent pour la plupart à la production de fromage et de chaussures, ainsi qu'au tourisme depuis quelques décennies. Il fait bon se promener dans les rues paisibles bordées de maisons blanches – plutôt au crépuscule l'été –, en particulier sur les hauteurs, autour de l'église.

Binissuès

MUSÉE

5 Plan p. 60, A2

Cette ancienne exploitation agricole permet de redécouvrir les travaux des champs d'autrefois et de ressusciter la vie rurale de l'île. Outre la demeure seigneuriale, transformée en maison-musée, le domaine comprend une maison paysanne (*casa de payés*) pourvue d'une grande cuisine, un four en pierre et une fromagerie, ainsi que l'ancienne grange, remplie de charrettes et d'outils propres à la vie rurale. Intégré à l'ensemble, le **Museu de Ciències Naturals de Menorca** propose des expositions on ne peut plus didactiques. Une démonstration des activités agricoles d'autrefois a lieu à 11h30 (mar-dim) et il y a aussi un bar-restaurant attenant (p. 65). (☎971 373 728 ; www.binissues.com ; route. Mahón-Ciutadella km 31,6, sortie Camí de Ets Alocs ; adulte/6-14 ans/ - de 6 ans 7/5 €/gratuit, entrée + spectacle 12/7 €/gratuit; 9h-19h mar-sam)

100% minorquin

Monte Toro

Haut de 358 m, le **monte Toro** est le point culminant de Minorque. Par temps dégagé, on aperçoit depuis le sommet l'île tout entière, et même une partie de Majorque. Le panorama sur la baie de Fornells et les criques du Nord est vraiment spectaculaire.

Au sommet trône un ensemble monastique de toute beauté malgré la jungle d'antennes qui hérissent le secteur, le **Santuari de la Verge del Toro**. L'église a été construite à la fin du XVIe siècle, mais suite aux dommages endurés au début de la guerre civile, elle a subi une restauration qui l'a profondément modifiée. L'intérieur renferme une sculpture en bois de Nuestra Señora de Toro, trouvée par des moines mercédaires au XIIIe siècle. Aujourd'hui, le sanctuaire abrite une petite communauté de franciscaines cloîtrées. Elles tiennent une cafétéria d'où la vue est magnifique ; elles y servent goûters, cafés et boissons, mais pas d'alcool.

Cala en Porter

CRIQUE TOURISTIQUE

6 Plan p. 60, C5

Cette crique nichée au pied d'une falaise a su garder son charme malgré un développement touristique excessif. On y trouve toutes sortes de commodités, notamment des chaises longues, des parasols, des bars et des restaurants.

Torralba d'en Salort

VILLAGE TALAYOTIQUE

7 Plan p. 60, D4

A 2,9 km d'Alaior, par la route de Cala en Porter, ce village talayotique a été habité entre l'an 1000 et l'époque romaine. Il possède un mur cyclopéen, deux *talayots*, une maison pré-talayotique, des silos, une salle hypostyle, ainsi qu'une magnifique *taula* de 5 m de haut qui domine

Es Mercadal

l'ensemble. (tarif plein/étudiant et senior 3,5/2 €, - de 12 ans gratuit, nov-fév gratuit ; 10h-18h lun-sam avr-mai et oct, 10h-20h lun-sam juin-sept, 10h-14h lun-ven nov-mars)

Sant Tomàs, Binicodrell, Binigaus

PLAGES

8 Plan p. 60, B4

Les longues plages urbaines d'Es Migjorn Gran (voir plan p. 61), bordées d'une vaste pinède, comptent plusieurs complexes touristiques. Elles sont très fréquentées, surtout les deux premières (la plage de Binicodrell est également appelée Sant Adeodat). Binigaus, plus isolée, comprend un espace réservé au naturisme. Elles se prêtent toutes trois à de longues promenades à pied.

Se restaurer

Es Cranc

PRODUITS DE LA MER **€€€**

9 Plan p. 60, C1

À l'écart des circuits touristiques, ce restaurant n'est pas de ceux qu'on découvre par hasard : pour le trouver, il faut le chercher. Spécialisé dans le poisson, il sert la traditionnelle *caldereta de langosta*, ainsi que bien d'autres soupes. Le restaurant possède son propre vivier, ce qui garantit une matière première d'excellente qualité, de surcroît habilement préparée. C'est l'un des meilleurs restaurants de Fornells. (971 326 442 ; Carrer de ses Escoles 31, Fornells ; plats 15-38 € ; 12h30-16h et 17h30-24h, mer fermé)

Sa Llagosta

PRODUITS DE LA MER **€€€**

10 Plan p. 60, C1

Sur le port de Fornells, David (le cuisinier) et Mónica (la chef de salle) préparent une excellente *caldereta* et proposent une cuisine innovante, comme en témoigne leur thon à l'ail et aux câpres. (971 376 566 ; Carrer de Gabriel Gelabert 12, Fornells ; plats 30-40 € ; 13h-16h et 19h30-23h, oct-Semaine sainte fermé)

Es Port

PRODUITS DE LA MER **€€**

11 Plan p. 60, C1

Ici le poisson est à l'honneur : denté, baudroie et mérou, grillés ou en *suquet* (ragoût), riz, moules, gambas de Fornells et autres fruits de mer, ainsi que la fameuse *caldereta de langosta*. Le port de Fornells compte de nombreux restaurants, mais celui-ci est un des meilleurs, avec un excellent rapport qualité/prix. (971 376 403 ; Polígon Marítim Gumersind Riera 5, Fornells ; plats 8-26 € ; 12h-24h, 13h-16h et 20h-23h l'hiver, fév à mi-mars fermé)

S'Algaret

AUBERGE **€**

12 Plan p. 60, C1

Une des deux auberges traditionnelles de Fornells – la seconde, La Palma, se trouve juste à côté – sur la Plaça S'Algaret, toujours animée. En terrasse l'été et en salle l'hiver, on peut y déguster toutes sortes de tapas et recettes minorquines à des prix raisonnables, des plats de riz, du poisson frais, mais aussi une cuisine familiale plus éclectique adaptée à tous les goûts. Menu enfant. (971 376 666 ; www.hostal-salgaret.com ; Plaça S'Algaret 7, Fornells ; plats 10-22 € ; 12h-24h)

Ca Na Marga

GRILL **€€**

13 Plan p. 60, C2

Restaurant-grill proposant d'appétissantes entrées chaudes ou froides, du poisson et de la viande

Comprendre

Les murs en pierre sèche

Sur presque tous les chemins de Minorque, on peut voir de longs murs de pierre *(parets seques)*, épais mais peu hauts, constitués exclusivement de cailloux et de rochers, sans ciment ni mortier pour les maintenir ensemble.

Il s'agit d'un type de construction ancestral, encore souvent utilisé, qui permet à la fois de débarrasser les champs de leurs cailloux, de protéger les cultures de la tramontane et de délimiter les parcelles. Constitués de rochers prélevés sur place, ils se fondent parfaitement dans le paysage.

Comme les pierres ne sont soudées ni par du mortier ni à l'aide de boue, il faut éviter de grimper et de marcher dessus, car cela peut entraîner de petits éboulements et causer des blessures.

Murs en pierre sèche à Es Migjorn Gran

grillés, d'excellentes pizzas et quelques plats insolites comme l'os à moelle braisé. Menu enfant. La carte des vins est si longue et si souvent renouvelée qu'elle est présentée sur tablette. (☎ 971 376 410 ; www.canamarga.com ; Carrer Parc 1, Ses Salines, Fornells ; viande 10-20 €, poisson 14-20 €, pizzas 7-10 € ; 🕒19h-1h30, nov-mai fermé)

Binissuès

MINORQUIN €

14 Plan p. 60, A2

Ce restaurant installé dans le manoir du Museu de Ciències Naturals de Menorca (voir p. 62) sert une cuisine sans prétention composée de plats minorquins comme l'*oliaigua* (soupe), des légumes grillés, du riz, de la viande et du poisson, le tout en portions généreuses. La vue panoramique sur la campagne couronne à la perfection le repas. (☎ 971 489 193 ; www.binissues.com ; route Mahón-Ciutadella km 31,6, sortie Camí de Ets Alocs, Ferreries ; menu 16,5 €, plats 13-18 € ; 🕒12h-16h et 18h30-23h30, hiver 12h-16h, déc-fév fermé)

Can Jaumot

AUBERGE €

15 Plan p. 60, C4

À Minorque, le tourisme n'est pas encore venu à bout des vieilles auberges. Celle-ci propose un vaste menu dans lequel tous les clients, petits et grands, trouvent leur bonheur : boulettes, viande aux petits pois, poisson, pizzas, assiettes garnies et salades. Très bons sandwichs également. En somme, c'est une bonne

L'effet de la tramontane sur le paysage minorquin. Camí de Cavalls, près de la Cala Pilar

Comprendre

Effets de la tramontane

Le paysage minorquin semble sculpté par la tramontane, ce puissant vent du nord qui se forme dans les Alpes, dévale à toute vitesse le couloir rhodanien et vient ébouriffer Minorque. Ici, rien de plus facile que de situer le nord et le sud : il suffit d'observer les arbres malmenés par le vent. Leur tronc penche vers le sud sous l'effet de la tramontane. Les paysans plantent toujours les arbres fruitiers à l'abri d'un mur en pierre sèche pour les protéger du vent du nord, qui risquerait de ravager leurs fleurs au printemps.

Les maisons aussi se sont adaptées à la tramontane. En général, la façade nord est aveugle ou comporte uniquement de minuscules fenêtres. Les maisons sont souvent adossées à un bâtiment qui remplit une double fonction : loger le bétail et atténuer l'effet du vent sur la maison.

La tramontane a aussi des implications gastronomiques. Elle arrive sur l'île chargée de sel, qui se dépose sur le sol et les légumes, leur donnant un goût relevé, plus intense que dans la péninsule.

adresse, charmante et bon marché. (☎ 971 378 294 ; www.canjaumot.com ; Carrer de Sant Joan Baptista 6A, Alaior ; plats 6-10 €, tapas 3,5-4,6 €, menu 12 € ; 13h-16h et 20h-23h30, dim fermé)

Torralbenc
GASTRONOMIQUE €€€

16 Plan p. 60, C5

Le restaurant du luxueux hôtel Torralbenc propose une cuisine de haut vol, notamment une "promenade gastronomique" de 5 plats, invariablement élaborés à base de produits de saison d'origine locale. Le chef Paco Morales, qui puise ici dans la tradition baléare, a reçu une étoile Michelin pour son restaurant d'Ontinyent, dans la province de Valence. (☎ 971 377 211 ; www.torralbenc.com ; route Mahón-Cala en Porter km 10, Alaior ; plats 40-60 €; 13h-16h et 20h-23h30, dim fermé)

S'Engolidor
MINORQUIN €€

17 Plan p. 60, B3

Cette maison rustique du village d'Es Migjorn Gran, qui propose à la fois le gîte et le couvert, sert une cuisine traditionnelle de qualité. Plats sans gluten disponibles. (☎ 971 370 193 ; www.sengolidor.es ; Carrer Major 3, Es Migjorn Gran ; plats 15-25 €, tapas 3,5-4,6 €, menu 18,50 € ; 20h-23h, lun fermé)

007
INTERNATIONAL €

18 Plan p. 60, C5

Cette adresse insolite de la très touristique Cala en Porter se caractérise par un vaste jardin, de l'espace entre les tables, une musique d'ambiance très agréable et une carte raffinée et abordable, bien fournie en tapas. Essayez les moules, le *tataki,* le gratin de morue ou les mini-hamburgers. Concerts de jazz certains soirs. (☎ 653 611 442 ; Carrer de Sant Vicent 12, Cala en Porter; tapas 5-12 €, plats 6-16 € ; 13h-15h30 et 18h30-0h30 Semaine sainte à mi-oct)

Es Molí des Racó
MINORQUIN €€

19 Plan p. 60, B3

Installé dans un imposant moulin à farine à la décoration rustique, cet établissement dispose d'une salle et d'une agréable terrasse. La carte propose un choix de plats minorquins comme l'*oliaigua,* les escargots à l'araignée de mer, la perdrix au chou, la truie rôtie, la *caldereta de langosta* et divers poissons. Les portions sont si généreuses qu'on peut aisément les partager. Excellent rapport qualité/prix. (☎ 971 375 392 ; www.restaurantemolidesraco.

À savoir

Au rythme de l'île

À Minorque, le temps semble passer plus lentement, surtout dans le centre de l'île. De même qu'on ne peut rouler à 120 km/h sur une route où tout le monde roule à 80, le visiteur fera bien d'oublier sa montre et la frénésie du continent, et de s'adapter au rythme insulaire. C'est la thérapie la plus efficace et la plus naturelle contre le stress.

Es Molí des Racó (p. 67)

com ; Carrer Major 53, Es Mercadal ; plats 8-25 €, sandwichs 3,5-5,5 € ; 8h 16h30 et 18h30-24h)

Ca Na Pilar

CUISINE CRÉATIVE €€

20 Plan p. 60, B3

Le chef Víctor a fait ses armes à Can Faves, le célèbre restaurant du grand Santi Santamaría, ce qui transparaît dans sa cuisine créative, l'une des meilleures de Minorque, avec un menu restreint composé de plats inoubliables, comme le carpaccio de gambas au lard ou le carpaccio de thon au fanon de porc. On kidnapperait bien le chef pour le ramener dans ses valises… (971 370 212 ; Av. de la Mar 1, Es Migjorn Gran ; menu 17,5 €, plats 16-28 € ; 13h30-15h30 et 20h-23h lun-dim juin-août, 13h30-15h30 mar, 13h30-15h30 et 20h-23h mer-dim avr-mai et sept, sam-dim oct-avr)

Prendre un verre

Isabella Beach Club

BAR LOUNGE

21 Plan p. 60, C1

Dans ce somptueux établissement d'un blanc étincelant, inauguré en juin 2016, on ne sait trop si on contemple la mer depuis la salle ou si on observe la salle depuis la mer. Le paysage marin entoure cette enclave minimaliste où flotte de la bonne musique. C'est l'endroit idéal pour admirer le couchant ou siroter quelques verres après le dîner. On y sert des cocktails, des gins tonics, du vin et des jus de fruits, ainsi qu'une petite sélection de tapas (les escargots à l'araignée de mer sont délicieux). (628 785 480 ; www.isabellamenorca.com ; Carrer E, Playas de Fornells ; 12h-2h)

Cova d'en Xoroi

BAR-DISCOTHÈQUE

22 Plan p. 60, C5

Occupant une grotte creusée dans la falaise escarpée, cet établissement offrant une magnifique vue sur la mer est un classique de l'île. L'été, il joue les caméléons : simple bar en journée, il accueille des concerts à l'heure du coucher de soleil et devient à la nuit tombée la discothèque la plus courue de la Cala en Porter, ouverte jusqu'au petit matin. (971 377 236 ; www.covadenxoroi.com ; Carrer de sa Cova 2, Cala

Cala en Porter (p. 62)

en Porter ; ⌚11h30-coucher du soleil juin-sept, 15h-coucher du soleil oct, 15h-coucher du soleil sam-dim mars-mai, discothèque à partir de 23h)

Sortir

Noches de Música Clásica MUSIQUE CLASSIQUE

23 ☆ Plan p. 60, C1

Rares sont les villages de moins de 1 000 habitants qui peuvent se vanter d'une si riche programmation musicale. L'été, le cycle des Noches de Música Clásica donne lieu à des concerts sur différentes scènes, notamment à la Casa del Contramestre, à l'église paroissiale ou au château de Sant Antoni, sous le parrainage du grand flûtiste international Claudi Arimany, qui aime beaucoup Minorque. En dehors de la saison estivale, les Joventuts Musicals de Maó organisent des festivals d'automne, d'hiver et de printemps à Fornells. (différentes scènes de Fornells ; ⌚21h30 juil-août)

Gran Migjornale ART

24 ☆ Plan p. 60, B3

Comme son nom l'indique, “Migjornale” est la Biennale artistique d'Es Migjorn Gran. Tous les deux ans en août depuis 2006, un marché d'art insolite envahit durant quelques jours les maisons, les commerces, les établissements publics, les places et les rues d'Es Migjorn Gran à l'occasion d'une grande fête qui prend de l'ampleur d'année en année. Lors de la dernière édition, les

Comprendre

Soubressade de Minorque

Le plus prisé des produits artisanaux minorquins, la **sobrasada** (soubressade), est élaboré uniquement avec de la viande de porc locale, du sel et du piment – fort ou doux – qui lui donne son goût et sa couleur caractéristiques. En fonction du type de boyaux utilisés, elle est appelée *llonganissa, semiarrissada, arrissada, cular, poltrú, bufeta* ou *bisbe.* S'agissant d'une saucisse crue séchée, elle se conserve à l'air libre. Pour une bonne conservation, suspendez-la à un fil, sans emballage. Il est toujours préférable d'acheter la *sobrasada* dans une petite boutique ou sur un marché alimentaire plutôt qu'en grande surface.

arts plastiques ont côtoyé concerts classiques, représentations théâtrales et performances. Véritable explosion de créativité, le Gran Migjornale est devenu la principale manifestation artistique de l'île. (www.granmigjornale.com ; Es Migjorn Gran, ⏲août)

Shopping

Pasearte

ARTISANAT

25 Plan p. 60, C1

Installé dans l'ancienne gare routière, ce petit marché réunit des stands d'artisanat en tous genres tenus par des artistes résidents : vêtements décontractés, bijoux fantaisie originaux, maroquinerie, sacs, chapeaux, chaussures, curieuses horloges fabriquées à partir de vieux vinyles, tableaux, etc. Ils organisent également des expositions et, le dimanche après-midi, des spectacles musicaux. (Carrer Rosari 24, Fornells ; ⏲11h-14h et 18h-23h juil-août, 18h -23h juin et sept)

Hort Sant Patrici

FROMAGES ET VINS

26 Plan p. 60, A3

Cave, fromagerie et boutique gastronomique de l'exploitation agricole du même nom, cette enseigne vend son propre vin et son propre fromage, ainsi que d'autres produits artisanaux minorquins, notamment de la charcuterie, des *ensaimadas*, de l'huile, du miel, du gin, des liqueurs et de la confiture de *figat* (figues). (☎971 373 702 ; www.santpatrici.com ; Camí de Sant Patrici s/n, Ferreries ; ⏲9h-13h et 16h-18h lun-ven et 9h-13h sam l'hiver, 9h-13h30 et 16h30-20h lun-sam l'été, fabrication du fromage 11h30 lun, mar, ven, sam, visites guidées 10h mar, jeu, sam)

Cas Sucrer

PÂTISSERIE

27 Plan p. 60, C3

Fondée en 1884, cette pâtisserie fréquentée par une clientèle locale fidèle est sans doute la plus prestigieuse de Minorque. Derrière la vitrine s'étalent *ensaimadas*, tartes, *formatjades*, *carquinyolis*, *panellets* et les fameux *amargos* (sablés aux amandes). Son prestige est tel qu'un autre descendant du fondateur a ouvert une enseigne du même nom à seulement 20 m de là, au numéro 46 d Carrer Major. (☎971 375 175 ; www.cassucrer.es ; Plaça Constitució 11, Es Mercadal ; ⏲7h30-21h mi-jun à sept, 7h30-14h et 17h-20h oct à mi-juin)

Jaime Mascaró

CHAUSSURES

28 Plan p. 60, B3

Bien visible depuis la route Mahón-Ciutadella, dans la zone industrielle de Ferreries, la prestigieuse entreprise Mascaró, créée en 1918, vendait à l'origine des chaussons de ballet. À l'image de Repetto, elle s'est par la suite lancée dans la fabrication d'une vaste gamme de chaussures de qualité, sans oublier ses origines, avec la ligne Pretty Ballerinas. On trouve une **boutique** (☎971 360 568 ; Carrer de Ses Moreres 29, Mahón ; ⏲9h30-13h30 et 17h-20h lun-ven, 9h30-14h sam) dans le centre de Mahón, mais le magasin d'usine de Ferreries affiche des prix très intéressants. (☎971 373 837 ; www.jaimemascaro.es ; Polígono Industrial de Ferreries ; ⏲10h-21h lun-sam, 10h-14h et 17h30-20h30 dim)

Cas Sucrer

100% minorquin

Produits kilomètre zéro

Le samedi matin, les paysans des environs s'installent sur la Plaça Espanya de Ferreries pour vendre leurs produits locaux : fromages, charcuterie, légumes, fruits et herbes aromatiques. Ce marché permet de découvrir un des visages les plus authentiques de la campagne minorquine.

RIA Menorca

SANDALES MINORQUINES

29 Plan p. 60, B3

Au départ, la famille Truyol n'avait qu'un petit atelier de fabrication d'*abarcas* destinées aux paysans minorquins. Elle a su en faire une entreprise capable à chaque nouvelle saison de concevoir, fabriquer et distribuer 300 modèles de ces singulières sandales, adaptés à tous. La boutique autant que l'usine débordent d'imagination. (☎971 374 207 ; www.ria.es ; Carrer Trencadors 25, Polígono Industrial de Ferreries ; ⏲10h-21h lun-sam, 10h-14h et 17h30-20h30 dim)

Les incontournables
Architecture traditionnelle

Comment y aller

Le plus simple pour accéder à ces bâtiments traditionnels est de disposer d'un véhicule, car ils se trouvent souvent au bout de petits chemins qui ne sont desservis par aucun transport public.

L'architecture traditionnelle est un bel exemple de la richesse du patrimoine ethnologique de Minorque. La campagne minorquine est un vrai paradis pour les amateurs de ce type d'architecture, car elle est ponctuée de bâtiments en pierre sèche ou en *marès* (grès), en particulier des maisons rurales, des cabanes à bestiaux (*barraques*) et des *cases de vorera* (ou *ponts*). Ces constructions présentent trois caractéristiques essentielles : elles utilisent les matériaux locaux, leur usage est purement fonctionnel et le bâtiment est personnalisé, c'est-à-dire adapté aux besoins de l'usager.

Maison rurale minorquine

À ne pas manquer

Casa rural

Disséminées dans la campagne, les maisons rurales minorquines se fondent dans le paysage et plaisent autant aux touristes que la côte. La **casa rural** comprend un bâtiment principal surmonté d'un toit à double pente. L'entrée et les fenêtres se trouvent au sud tandis que la façade nord, exposée à la tramontane, ne présente quasiment aucune ouverture. Un entrepôt, un lavoir ou une étable est généralement adossé à la façade nord. Le plus souvent, la cuisine, la salle à manger et les chambres sont situées au rez-de-chaussée, tandis que le premier étage sert à stocker des conserves, des fruits, de la charcuterie et des légumes *de penjar* (à suspendre). Dans la cour, il y a souvent un **four** et d'autres aménagements – les **bouers** (étables pour les vaches et les bœufs), le poulailler, les porcheries, les greniers, ou *l'altra cuina* (l'autre cuisine) – la pièce où on tuait le cochon.

Barraca

La **cabane à bestiaux** est une construction en pierre sèche, de plan circulaire ou en fer à cheval, constituée de cercles concentriques empilés les uns sur les autres, de diamètre de plus en plus étroit à mesure qu'on s'élève. De l'extérieur, on dirait une pyramide à degrés.

Casa de vorera, pont ou caseta de la mar

La **casa de vorera,** aussi appelée *pont* ou *caseta de la mar,* est une construction composite, en pierre sèche et en dalles de *marès*. On en voit beaucoup le long de la côte, car elles servent à stocker barque et matériel de pêche pendant l'hiver. L'été, les familles minorquines laissent parfois leur barque en mer et utilisent la *casa de vorera* comme maison de vacances.

☑ À savoir

- La plupart des bâtiments traditionnels sont des maisons privées. Il est interdit d'y pénétrer sans l'autorisation des propriétaires.
- Pour en savoir plus sur l'architecture traditionnelle de Minorque, consultez la page www.enmenorca.wordpress.com/tag/arquitectura-rural (en catalan), qui rassemble des informations utiles et précises.

Une petite faim ?

Proche de Binicalaf Vell, où l'on peut observer plusieurs bâtiments traditionnels, le restaurant **Nelsons S.C.** (☎971 377 485 ; Av. de Nelson, Son Vitamina ; 🕑12h-23h) affiche un bon rapport qualité/prix.

Explorer

Ciutadella et l'ouest de l'île

Habitée depuis l'époque prétalayotique, capitale administrative et ecclésiastique de l'île jusqu'à l'occupation anglaise de 1714, Ciutadella conserve des traces de son passé de ville musulmane dans l'agencement de son quartier historique, organisé autour de l'ancienne grande mosquée, aujourd'hui disparue. Les nombreux palais et églises sont autant de témoignages d'une aristocratie qui boycotta l'occupant anglais, dont le mercantilisme pragmatique menaçait les privilèges ancestraux.

L'essentiel en un jour

Au petit déjeuner, régalez-vous de douceurs minorquines à la pâtisserie **Moll** (p. 94). Ensuite, visitez la **Catedral de Santa Maria** (p. 82) et la **Casa Olivar** (p. 77) pour vous faire une idée du mode de vie de l'aristocratie locale au XVIIIe siècle. Profitez de la fraîcheur matinale pour vous balader dans le quartier historique, sur les **marchés** (p. 96) de fruits et légumes, avec leurs échoppes donnant sur la rue, et sous la halle du marché aux poissons.

Avant de déjeuner, vous pourrez réaliser une double excursion archéologique, d'abord à la **Naveta des Tudons** (p. 84) puis à la nécropole troglodytique de la **Cala Morell** (p. 84). Dans cette même crique, offrez-vous une baignade revigorante avant de regagner Ciutadella pour passer à table au **Cafè Balear** (p. 89). Après les agapes, une visite de **Líthica** (p. 94) s'impose : vous apprécierez sa flore méditerranéenne et les formes étranges des anciennes carrières.

Retournez dans le centre historique pour faire des emplettes, par exemple une paire de sandales minorquines à **Ca Sa Pollaca** (p. 96), mais ne traînez pas trop et rendez-vous au bout d'Artrutx pour admirer le coucher de soleil. Enfin, dînez au restaurant **Mon** (p. 88) et allez **écluser quelques verres sur le port** (p. 92) jusqu'à ce que la fatigue l'emporte.

Les incontournables

Ciutadella, noble cité (p. 76)

Le meilleur du secteur

Se restaurer

Mon (p. 88)

Cafè Balear (p. 89)

Prendre un verre

La Margarete (p. 91)

Hola Ola Mediterranean Beach (p. 91)

Shopping

Moll (p. 94)

Davall Sa Volta (p. 96)

Comment y aller

Bus Il n'existe pas de ligne directe depuis l'aéroport, mais le bus n° 10 rallie la gare routière de Mahón d'où vous pourrez attraper un bus pour Ciutadella (toutes les 30 min).

Les incontournables
Ciutadella, noble cité

À partir du XVIIe siècle et durant l'occupation anglaise du XVIIIe siècle, l'aristocratie de Ciutadella s'employa à asseoir sa domination sociale en construisant de luxueuses demeures en *marès* (grès), autant de symboles de richesse et de pouvoir. Ces palais, qui combinent harmonieusement des influences architecturales locale, italienne et française, s'ouvrent sur la rue grâce à de vastes vestibules voûtés, éclairés par de grandes lucarnes ou coupoles vitrées. Désormais, certains sont ouverts au public.

Plan p. 80

www.ciutadellaantiga.es/es/conjunto_historico

Casa del Comte de Torre-Saura

À ne pas manquer

Casa Olivar

En face de la cathédrale, la **Casa Olivar** (plan p. 80, C3 ; ☎ 660 425 254 ; www.talaiacultura.com ; Plaça de la Catedral 8 ; ⏲ 10h-15h et 19h-21h mars-oct ; visites guidées 12/21,30 € ; 8/10 €), ou Palau Olivar, fut construite à la fin du XVIIe siècle et modifiée au XVIIIe siècle, époque à laquelle elle acquit un style néoclassique conservé jusqu'à nos jours.

Elle se compose de trois parties, auxquelles on accède par une entrée centrale surmontée d'un tympan. Le majestueux escalier de l'entrée dessert les salles nobles dans lesquelles les visiteurs peuvent admirer un mobilier royal et des objets domestiques permettant d'imaginer le mode de vie aristocratique, de la vaisselle aux tenues et harnais de *senyor caixer* (représentant de la noblesse) utilisés lors des fêtes de la Saint-Jean.

Le sous-sol fit office de carrière pour extraire le *marès* nécessaire à la construction de la maison ; il fut ensuite aménagé pour accueillir les caves et les écuries.

Casa del Comte de Torre-Saura

Ildefonso Hernández, architecte du Teatre Principal de Mahón, édifia en 1839 le plus impressionnant **palau** (plan p. 80, C3 ; ☎ 971 360 475 ; www.ajciutadella.org ; Carrer Major s/n ; tarif plein/étudiant et senior 6/3 €, avec le Museo Diocesano, - de 12 ans gratuit ; ⏲ visites guidées ven mai-oct espagnol-catalan 10h, anglais-allemand 12h) de Ciutadella, en mêlant des influences locales, françaises et italiennes.

Sa façade comporte deux loggias italianisantes, semblables à celle du Can Salort, qui délimitent une partie centrale dans laquelle est percée une fausse porte principale, coiffée d'un arc élégant. La véritable entrée principale donne sur un vaste vestibule d'où part l'escalier royal desservant les dépendances intérieures. Vous remarquerez le

☑ À savoir

- Sis dans l'hôtel de ville, sur la Plaça des Born, l'office du tourisme de Ciutadella fournit beaucoup de renseignements sur les demeures seigneuriales, qu'elles soient ou non ouvertes au public.
- Quand vous visiterez un palais, observez bien le somptueux mobilier : vous vous ferez ainsi une idée du quotidien d'une classe sociale qui, sans se plier à la domination anglaise, s'appropria certaines habitudes de vie de l'occupant.
- Toutes ces demeures se situent dans le quartier historique et sont très proches les unes des autres. Vous pourrez contempler les différentes façades lors d'une agréable balade, en matinée ou en soirée.

Une petite faim ?

Chez **Helados Torres** (☎ 971 382 192 ; Carrer Josep Maria Quadrado 1), le plus vieux glacier de Ciutadella, de nouvelles saveurs s'ajoutent chaque année à la carte.

mystérieux visage de femme voilé qui surveille la porte d'entrée.

La superficie de la parcelle permit la construction d'un bâtiment abritant les calèches et les écuries.

Face à face, la Casa del Comte de Torre Saura et le Can Salort (voir ci-dessous) composent un prestigieux duo, tout au bout du Carrer Major. La sublime façade orientale donne sur la Plaça des Born.

Can Salort

Édifié au XVIIe siècle, le superbe **Can Salort** (plan p. 80, C3 ; www.ajciutadella.org ; Carrer Major s/n ; 2,50 € ; ⏲10h-14h juin-sept) fut complètement rénové en 1813 à la demande de Pedro Martorell. Le *palau* présente deux façades aux styles très différents : celle du Carrer Major est sobre, massive et sans fioritures, tandis que celle de la Plaça des Born, qui servit de modèle au palais voisin de Torre-Saura (voir ci-dessus), présente une élégante loggia italianisante à trois arcs.

À l'intérieur, on peut admirer d'immenses salons dotés de meubles d'époque.

Les palais Salort et Torre-Saura constituent l'ensemble urbain le plus monumental de Ciutadella.

Casa del Baró de Lluriach

Le plus vieux *palau* de Ciutadella est la **Casa del Baró de Lluriach** (plan p. 80, C1 ; Carrer de Santa Clara 33 ; fermé au public) datant de 1607 (la date est gravée

La Casa Olivar se situe en face de la façade principale de la Catedral de Santa Maria

sur une clef de voûte). Par ailleurs, la baronnie de Lluriach est le plus ancien titre de Minorque, puisque Charles II l'attribua à la famille Cardona en 1683.

L'étage noble est organisé autour de l'escalier de cérémonie, d'un large couloir qui le traverse et de trois patios. Les salons, pourvus de meubles anglais et minorquins, abritent une collection de peintures. La demeure n'est pas ouverte au public, mais, depuis la rue, on peut admirer sa façade, qui arbore quelques éléments baroques, comme les coquillages ornant les balcons.

Palau Squella

Originaire de Pise, la famille Squella s'installa à Ciutadella au XVIIe siècle. Quatre siècles plus tard, elle édifia ce **palau** (plan p. 80, C2 ; Carrer de Sant Sebastià 20 ; fermé au public) dans un style principalement baroque, en raison de ses liens intimes avec l'Italie ; la façade symétrique et la sobriété de la demeure sont toutefois des caractéristiques néoclassiques. Le vestibule est le point de départ de l'escalier noble, en zigzag, qui occupe une élégante cage surmontée d'une lucarne vitrée sur les côtés, créant un étonnant contraste avec la pénombre de l'intérieur. Malheureusement, le palais nest pas ouvert à la visite.

Palau Squella

A
B
C
D
E
1
2
3
4
0
5 km
Far de Punta Nati
Punta Espardina
Codolar de Torre Nova
Son Bernardí
Son Escudero
Punta de s'Escullar
Cala Morell
8
Cala Morell
Torre Vella
Cala d'Algaiarens
Cap Gros
Sa Falconera (207 m)
Cala Pilar
Cala en Calderer
Son Ermità
Sa Falconera
Bajolí (79 m)
Calespiques
Cala en Blanes
Castell de Sant Nicolau
5
Voir agrandissement
Ciutadella de Menorca
23
Son Oleo
Son Quim
Lithica
7
32
6
Naveta des Tudons
Ses Arenes
Ses Arenetes
Son Planas
Ses Tavernes
Alpútzer Vell
Alpútzer Nou
Ferreries
Son Gras
Sa Caleta
Cala Santandria
Santandria
Son Vivó
MER MÉDITERRANÉE
Cala Blanca
30
Cala Blanca
Sant Joan de Missa
Morverdre Nou
Puig de Son Tica (91 m)
9
Son Catlar
Barranc d'Algendar
14
Barranc d'Algendar
Barranc de Trebalúger
Cap Negre
Son Olivaret Vell
Torre Saura Vell
Cala en Bosc
Son Xoriguer
Platja de Son Xoriguer
Far d'Artrutx
Talaia d'Artrutx (64 m)
Cala des Talaier
Cala en Turqueta
11
13
Cala Macarella
Cala Macarella et Cala Macarelleta
12
Serpentona
Cala Galdana
Cala Galdana
Cala Mitjana
10
Cala Trebalúger
Es Canal Gran
Sant Agustí
Sant Tomàs

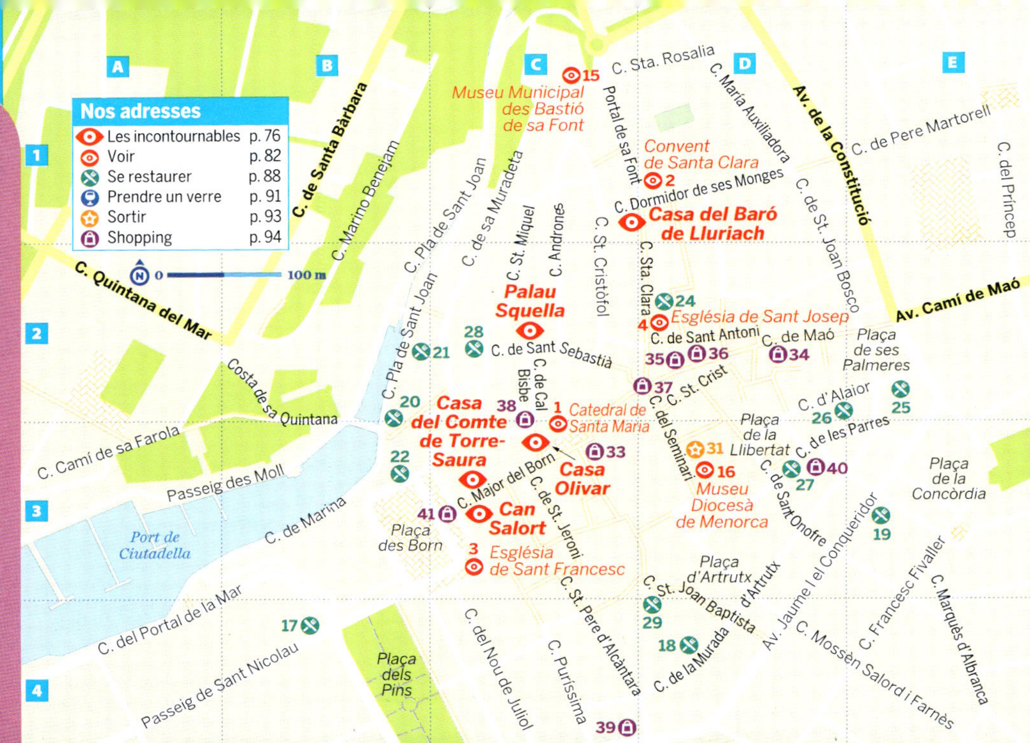

Nos adresses
Les incontournables p. 76
Voir p. 82
Se restaurer p. 88
Prendre un verre p. 91
Sortir p. 93
Shopping p. 94
0 100 m
A
B
C
D
E
1
2
3
4
15 Museu Municipal des Bastió de sa Font
Convent de Santa Clara 2
Casa del Baró de Lluriach
Palau Squella
4 Església de Sant Josep
1 Catedral de Santa Maria
Casa del Comte de Torre-Saura
Casa Olivar
Can Salort
3 Església de Sant Francesc
16 Museu Diocesà de Menorca
C. Sta. Rosalia
C. María Auxiliadora
Av. de la Constitució
C. de Pere Martorell
C. del Príncep
Portal de sa Font
C. Dormidor de ses Monges
C. de St. Joan Bosco
Av. Camí de Maó
C. de Santa Bàrbara
C. Marino Beneiam
C. Pla de Sant Joan
C. de sa Muradeta
C. St. Miquel
C. Andrones
C. St. Cristòfol
C. Sta. Clara
C. Quintana del Mar
Costa de sa Quintana
C. Camí de sa Farola
Passeig des Moll
C. de Marina
Port de Ciutadella
C. del Portal de la Mar
Passeig de Sant Nicolau
Plaça dels Pins
C. del Nou de Juliol
C. Puríssima
C. St. Pere d'Alcàntara
C. de Sant Sebastià
C. de Cal Bisbe
C. de Sant Antoni
C. de Maó
Plaça de ses Palmeres
C. St. Crist
C. del Seminari
C. d'Alaior
C. de les Parres
Plaça de la Llibertat
C. de Sant Onofre
Plaça de la Concòrdia
C. Major del Born
C. de St. Jeroni
Plaça des Born
Plaça d'Artrutx
d'Artrutx
C. St. Joan Baptista
C. de la Murada
Av. Jaume I el Conqueridor
C. Mossèn Salord i Farnès
C. Francesc Fivaller
C. Marquès d'Albranca
17
18
19
20
21
22
24
25
26
27
28
29
31
33
34
35
36
37
38
39
40
41

Voir

Catedral de Santa Maria BASILIQUE

1 Plan p. 81, C3

Cet édifice gothique à nef unique, doté de douze chapelles latérales entre les contreforts, fut construit à la fin du XIIe siècle, à l'emplacement de l'ancienne grande mosquée. Au pied du clocher se dressent plusieurs arcs, vestiges de l'ancien minaret. Incendiée durant l'invasion ottomane du XVIe siècle, la basilique a subi de nombreuses rénovations, ce qui explique son aspect quelque peu hétéroclite.

Intérieur de la Catedral de Santa Maria

Suite à la création du diocèse de Minorque en 1795, elle fut élevée au rang de cathédrale. Durant la guerre civile, son mobilier fut en grande partie détruit. (☎971 380 343 ; Carrer Cal Bisbe 8)

Convent de Santa Clara COUVENT

2 Plan p. 81, D1

Fondé en 1287, ce couvent fut détruit par les troupes ottomanes en 1558, reconstruit durant les XVIIe et XVIIIe siècles, à nouveau détruit en 1936 et à nouveau reconstruit. Actuellement, il s'agit d'un édifice de style néogothique sans grand intérêt architectural, mais auquel les habitants vouent une affection particulière, du fait de leur attachement à la communauté des clarisses. Aux beaux jours, des concerts se tiennent dans la cour. Les religieuses proposent aussi des ateliers de cuisine monastique. (☎971 382 277 ; Carrer del Portal de la Font 2)

Església de Sant Francesc ÉGLISE

3 Plan p. 81, C3

Cette église fait partie d'un ancien monastère franciscain de style gothique, construit juste après la conquête de l'île, qui comporte également un cimetière et des dépendances. Rasé par les Ottomans en 1558, il fut reconstruit en deux phases, dans un style combinant le gothique tardif et le néoclassique. La façade actuelle, côté Plaça des Born, fut financée par le comte de Torre-Saura en 1808. (☎971 381 291 ; Plaça des Born 8)

Castell de Sant Nicolau

Antiga Església de Sant Josep ÉGLISE

4 Plan p. 81, D2

Cette minuscule église du XIVe siècle fut le siège des confréries des charpentiers, des tailleurs de pierre et des transporteurs. Elle fut rénovée au XVIIe siècle, mais sa façade est le résultat d'une intervention hasardeuse au XIXe siècle, qui impliqua une modification de l'emplacement de l'entrée, l'ajout de l'arc ogival avec ses chapiteaux ornés de motifs végétaux et la création de la rosace centrale. Aujourd'hui, l'édifice est désacralisé et accueille des expositions. (☎971 480 686 ; Carrer de Santa Clara 9)

Castell de Sant Nicolau CHÂTEAU

5 Plan p. 80, B2

Bel exemple d'architecture militaire castillane de la fin du XVIIe siècle, ce château fut conçu pour défendre l'entrée occidentale du port de Ciutadella. De forme octogonale, la forteresse repose sur un socle taillé dans la roche ; ses murailles extérieures en *marès* (grès), renforcées de pierre et de mortier, sont entourées d'une douve de 2 m de profondeur et 8 m de largeur.

À l'origine, le château devait être coiffé d'une coupole pouvant supporter plusieurs pièces d'artillerie. Encastré dans les murs, un escalier en colimaçon dessert les différents étages et se détache de l'édifice, ce qui permettait une communication visuelle avec

Naveta des Tudons

les autres tours de défense. Visites sur rendez-vous. (☎971 381 050 ; www.ajciutadella.org ; Plaça de l'Almirall Farragut)

Naveta des Tudons

SITE PRÉHISTORIQUE

6 Plan p. 80, C2

Construit vers 1000 av. J.-C., ce monument funéraire en forme de coque de navire renversée présente une ouverture en voûte sur sa façade occidentale et une abside sur sa façade orientale. L'intérieur se divise en deux niveaux avec des chambres couvertes de dalles. En 1959, des travaux de restauration permirent de découvrir des sépultures datant de trois ou quatre périodes des âges du bronze et du fer. (Route de Mahón km 40, Ciutadella ; adulte/8-16 ans et senior 2/1,20 €, - de 8 ans gratuit, lun gratuit, fin oct-semaine sainte gratuit ; 9h-14h lun-mar, 9h-19h30 mer-dim)

Líthica

SITE NATUREL ET CULTURE

7 Plan p. 80, B2

Ces anciennes carrières de *marès* abandonnées ont été transformées en un lieu culturel et ludique. On peut encore distinguer les zones d'extraction manuelle, plus anciennes et aux formes assez organiques, des zones d'exploitation mécanique, aux contours rectilignes. La végétation a recommencé à pousser de manière spontanée ; en outre, un jardin médiéval et un circuit botanique dédié à la flore locale ont été aménagés.

En été, Líthica se transforme en espace de concerts, de danse et d'exposition de sculptures (voir p. 94). On y organise aussi des ateliers (sculpture, tai-chi, etc.). (☎971 481 578 ; www.lithica.es ; Camí Vell, km 1 ; tarif plein/groupe 12 pers et +/senior 5/3/2,50 €, adhérent et - de 10 ans gratuit ; 9h30-14h30 et 16h30-coucher du soleil lun-sam et 9h30-14h30 dim avr-oct, 9h30-14h30 nov-mar)

Cala Morell

CRIQUE ET NÉCROPOLE

8 Plan p. 80, C1

Cette plage paisible se situe à l'embouchure d'un petit ravin. Entre la période prétalayotique et le IIe siècle de notre ère, quatorze grottes funéraires furent creusées dans les versants rocheux. Ces cavités spectaculaires présentent une profusion d'éléments architecturaux, notamment des

Líthica

colonnes, dont certaines avec des chapiteaux, des fenêtres, différents niveaux intérieurs et des décorations de style classique sculptées sur certaines façades. À 9 km au nord de Ciutadella, la nécropole est bien indiquée. (Route de Cala Morell ; gratuit)

Son Catlar

SITE TALAYOTIQUE

9 Plan p. 80, B3

Le principal site talayotique des Baléares est entouré d'une muraille cyclopéenne de 1 km sur 2 km, jalonnée de nombreux bastions ou tours de défense d'influences hellénique et romaine. Couvrant 6 ha, il comporte des vestiges d'habitations, cinq *talayots* de défense et un édifice religieux doté d'une *taula* (mégalithe en forme de T). On remarque aussi des débris d'autres constructions en ciment, dont le rôle reste inconnu. Le site se trouve à 7,5 km au sud de Ciutadella ; pour s'y rendre, il faut prendre le Camí de Sant Joan de Missa et, après 4 km, tourner à droite et suivre la route des plages de Son Saura. (route des plages de Son Saura ; gratuit)

Cala Trebalúger

CRIQUE

10 Plan p. 80, D4

La perle du Sud est difficile d'accès, ce qui garantit sa tranquillité et sa fréquentation limitée. Pour l'atteindre, il faut laisser son véhicule au parking de la Cala Mitjana et marcher direction est jusqu'au ravin de Trebalúger. Ensuite, il suffit de longer la gorge, qui débouche sur une minuscule plage de

Cala Macarella

sable doré, baignée d'eaux turquoise et bordée de pins.

Cala en Turqueta

CRIQUE

11 Plan p. 80, C4

Ourlée d'une pinède, cette crique de sable blanc se distingue par ses eaux cristallines d'un bleu intense et son atmosphère extraordinairement paisible. Depuis Ciutadella, il faut prendre le boulevard périphérique direction sud jusqu'à Mahón. La plage est bien indiquée et un panneau signale la disponibilité du parking en temps réel.

Cala Galdana

CRIQUE

12 Plan p. 80, D4

Cette crique offrirait l'un des plus beaux paysages de Minorque si elle n'avait pas été défigurée par le tourisme de masse, en particulier un hôtel dont la construction a provoqué la destruction de plusieurs pinèdes. Formée par l'embouchure naturelle de l'Algendar, ce beau croissant de sable est flanqué de falaises. La plage est équipée de tous les services possibles.

Cala Macarella et Cala Macarelleta

CRIQUES

13 Plan p. 80, D4

Quasiment identiques, ces deux petites criques sont accessibles depuis la Cala Galdana (à pied, à travers bois) ou depuis Ciutadella via le Camí de Sant Joan de Missa. Elles sont entourées de falaises, dont la partie supérieure est percée de plusieurs grottes préhistoriques qui remplissaient des fonctions funéraires.

Barranc d'Algendar SITE NATUREL

14 Plan p. 80, D3

Un site insolite sur cette île aride et ensoleillée. Le petit cours d'eau Algendar a creusé la terre jusqu'à former une gorge étroite qui atteint 80 m de profondeur par endroits. Le ravin est ainsi protégé de la tramontane et des rayons directs du soleil. Ces facteurs, combinés à l'humidité produite par le cours d'eau lui-même, sont à l'origine d'un microclimat qui a favorisé une agriculture intensive et l'apparition d'un écosystème très riche. N'hésitez pas à parcourir les 7 km du ravin, accessible depuis Ferreries, jusqu'à son embouchure dans la Cala Galdana. En raison de ce climat particulier, il faut prévoir un pull même en plein été.

Museu Municipal des Bastió de sa Font MUSÉE

15 Plan p. 81, C1

Ce petit musée réunit des objets liés à l'histoire de l'île, ainsi que les artefacts mis au jour lors des fouilles archéologiques réalisées sur le territoire communal de Ciutadella. Il occupe le bastion qui défendait l'ancienne porte de Sa Font, détruite durant l'invasion ottomane de 1558 et reconstruite à la fin du XVIIe siècle. (971 380 297 ; Bastió de Sa Font s/n ; tarif plein/senior/- de 12 ans 2,46/1,23 €/gratuit, mer gratuit ; 10h-14h et 18h-21h mar-sam mai-sept, 10h-14h mar-sam oct-avr)

Museu Diocesà de Menorca MUSÉE

16 Plan p. 81, D3

Aménagé dans l'ancienne Església de Sant Agustí (XVIIe siècle), plus précisément dans son réfectoire, réalisé par Juan Amorós (XVIIIe siècle), ce musée conserve des pièces provenant de l'ère talayotique, une collection de

100% minorquin

Le journal Menorca

Fondé en 1941, ce journal de l'évêché de Minorque fut le premier organe de presse écrite comportant des informations insulaires. Une île est un petit monde à part et les habitants adorent lire des nouvelles qui les concernent directement. Le *Menorca* fournit des prévisions météorologiques précises, la programmation des théâtres minorquins, le programme des fêtes patronales de certaines localités ou les événements musicaux organisés partout sur l'île en été. La lecture du journal vous permettra aussi de connaître la direction et l'intensité du vent, des détails qui ont leur importance à l'heure de choisir sa plage, ainsi que le taux d'occupation des parkings de certaines criques "désertes".

En été, il existe une autre publication, gratuite : le guide des divertissements **Apunt** (www.apuntmenorca.com), avec des renseignements sur les fêtes, le théâtre, le cinéma, etc.

Centre historique de Ciutadella : à droite, l'Església del Roser et, au fond, la Catedral de Santa Maria

peintures du XVIIIe siècle, l'œuvre picturale de l'artiste local Pere Daura (1896-1976) et surtout une magnifique collection d'objets liturgiques minorquins (XVIIe-XXe siècle) retraçant l'histoire des arts appliqués, en particulier de l'orfèvrerie. (☎971 481 297 ; Carrer del Seminari 7 ; tarif plein/senior/groupe de + de 10 pers/- de 12 ans 3,50/2,50/1,50 €/ gratuit ; concert d'orgue et musée tarif plein/ senior/- de 12 ans 5/4 €/ gratuit ; ⏲10h-16h lun-sam mai-oct)

Se restaurer

Mon

CUISINE CRÉATIVE **€€**

17 Plan p. 81, B4

Avec sa décoration minimaliste, ses nappes blanches et sa musique lounge, c'est l'un des meilleurs restaurants de Ciutadella. Formé au restaurant barcelonais Roca Moo (hôtel Om), le chef Felip Llofriu propose une carte succincte, qui évolue fréquemment en fonction des produits disponibles au marché. Il privilégie les ingrédients locaux : le pain, par exemple, est élaboré sur place, à partir d'une variété de blé minorquine. (☎971 381 718 ; www.restaurantmon.com ; Passeig de Sant Nicolau 4 ; menu 20 €, menu dégustation 40 €, plats 17-24 € ; ⏲13h30-15h30 et 20h30-23h lun-sam)

Rels

CUISINE DU MARCHÉ **€€**

18 Plan p. 81, D4

Nouvel établissement géré par deux jeunes cuisiniers qui souhaitent moderniser la cuisine minorquine en respectant une philosophie très claire : travailler systématiquement des produits méditerranéens de saison. (☎ 971 480 516 ; www.relsrestaurant.com ; Carrer de Sant Isidre 33 ; menu déj/dîner 18/28 €, plats 25 € ; ⏱ 13h50-15h30 et 20h30-23h)

Smoix

FUSION **€€**

19 Plan p. 81, E2

Au programme, une cuisine fusion partant d'une base méditerranéenne, dans un cadre chaleureux et attrayant, décoré avec beaucoup de style. Les pieds de porc glacés, le carpaccio de gambas et la salade de fenouil sont sublimes. (☎ 971 382 808 ; www.smoix.com ; Av. de Jaume I el Conqueridor 38 ; plats 14,50-24,50 € ; ⏱ 13h-15h30 mar-mer et dim, 13h-15h30 et 20h-23h30 jeu-sam)

S'Amarador

PRODUITS DE LA MER **€€**

20 Plan p. 81, B2

À côté du pont qui relie les deux parties du port, ce restaurant, qui possède son propre vivier, est spécialisé dans le poisson et les fruits de mer : denté, mérou, gambas, langoustine, cassolette de baudroie, soupe de langouste, etc. Également quelques plats de viande et de riz bien exécutés, un menu très correct (19,50 €) et des desserts imaginatifs, comme le fondant au chocolat et sa crème maison, les rochers coco et la glace artisanale à la menthe. (☎ 971 383 524 ; www.samarador.com ; Carrer Pere Capllonch 42 ; plats 18-25 € ; ⏱ 12h-24h juin-sept, 13h-17h et 19h-24h avr-mai et oct, 13h-16h et 20h-23h nov-mars)

S'Amarador

Cafè Balear

PRODUITS DE LA MER **€€€**

21 Plan p. 81, B2

La *Rosa Santa Primera*, le bateau de pêche du Cafè Balear, assure l'approvisionnement quotidien en poisson frais. Au menu : soupes, *fideuà* (sorte de paella aux vermicelles), grillades, *escopinyes gravades* (praires) ou gambas de Minorque. Le personnel est sympathique et efficace, et vous pourrez choisir entre la terrasse au bord de l'eau, à l'abri de l'agitation touristique, ou la superbe salle à manger aux poutres apparentes. (☎ 971 380 005 ; www.cafebalear.com ; Pla de Sant Joan 15 ; plats 9-30 €, menu 45 €, poisson grillé 35 € ; ⏱ 13h-16h et 20h-24h mar-dim, nov fermé)

Centre historique de Ciutadella

Cas Cònsol

CUISINE CRÉATIVE **€€**

22 Plan p. 81, B2

Superbement décorée, cette maison du XVIIIe siècle, ancienne résidence du consul de France, offre une vue époustouflante sur le port. Le chef y concocte une carte méditerranéenne, forte de divers carpaccios et de plats imaginatifs comme les raviolis aux épinards, noix et camembert et leur sauce aux bolets. La réservation est obligatoire si vous souhaitez dîner en terrasse. (☎971 484 654 ; www.casconsol.com ; Plaça des Born 17 ; plats 18-22,60 € ; 🕒20h-23h30)

Fang i Aram

VÉGÉTARIEN **€€**

23 Plan p. 80, B2

Dans ce restaurant végétarien, on peut aussi choisir des plats végétaliens et sans gluten. Nos coups de cœur sont le houmous, les étonnants sushis végétaux et les délicieux woks. Les savoureux petits déjeuners sont servis avec du pain complet. À proximité, l'établissement possède une **boutique herboristerie et diététique** (Carrer dels Magnífics Jurats 1) ainsi qu'un centre de yoga et Pilates. (☎971 384 871 ; www.restaurantevegetarianomenorca.com ; Carrer de Gabriel Martí i Vella 11 ; menu 13,50 € lun-ven, 18,90 € sam-dim, plats 15-20 € ; 🕒13h-15h30, petit déj 10h-12h lun-jeu)

Es Tast de Na Sílvia

SLOW FOOD **€€**

24 Plan p. 81, D2

La carte est brève mais très appétissante. Salades originales, calmars farcis mitonnés avec amour, produits bio minorquins, riz du jour, pâtes fraîches aux truffes, délicieux pains et pâtisseries maison, et menu quasi gastronomique. Pour couronner le tout, la décoration est sobre et lumineuse, et le rapport qualité/prix, excellent. (☎971 387 895 ; www.facebook.com/EsTastDeNaSilvia ; Carrer de Santa Clara 14 ; plats 8-14 €, menu 20 € ; 🕒13h-15h30 et 20h-23h30, mer fermé)

La Cayena

CUISINE DU MONDE **€**

25 Plan p. 81, E2

Un véritable tour du monde gastronomique, sans bouger de ce

restaurant à la décoration très subtile. À vous de choisir entre les plats thaïlandais, japonais, cambodgiens, indiens et vietnamiens, ou les burgers, tempuras, pâtisseries maison et salades savoureuses. (☎971 482 212 ; www.lacayena.blogspot.com ; Carrer Alaior 40 ; plats 8-14 €, burger 8 € ; 8h30-11h et 20h30-23h30 lun-sam l'été,20h30-23h30 ven-sam le reste de l'année)

Can Lluís

CUISINE DU MARCHÉ **€€**

26 Plan p. 81, D2

En plein centre de Ciutadella, un restaurant plutôt à la bonne franquette, avec une carte bien fournie qui fait la part belle à la morue et aux plats de riz. Autre possibilité : les légumes grillés sains et savoureux. Bon rapport qualité/prix. (☎971 380 154 ; www.canlluis.com ; Carrer Alaior 22 ; menu 18,60 € ; 13h-15h30 dim-mer, 13h-15h30 et 20h-23h30 jeu-sam)

Ulisses Café

MINORQUIN **€**

27 Plan p. 81, D3

Un concept intéressant : le client achète le poisson de son choix au marché voisin et le chef d'Ulisses le cuisine pour un prix modique. Ce bar-restaurant est une véritable institution parmi les habitants : jadis, les poissonniers, primeurs, bouchers et autres employés du marché venaient y prendre leur café du matin. Le mieux est peut-être de venir à l'heure du petit déjeuner. (☎971 380 031 ; Plaça de la Llibertat 22 ; tapas et sandwichs 4-10 € ; 8h-14h30 et 16h30-24h lun-ven, 8h-15h sam, 11h-16h dim)

Agua

GASTRONOMIQUE **€€€**

28 Plan p. 81, C2

Installé dans un palais du XVIe siècle, le restaurant de l'hôtel de luxe Can Faustino offre une décoration raffinée et un patio ombragé. Ancien collaborateur du célèbre Martín Berasategui, le chef Víctor Corchado mitonne une cuisine exquise, à base de produits locaux traités avec le savoir-faire et la délicatesse propres à l'établissement. (☎971 489 193 ; www.canfaustino.com/agua-restaurante ; Carrer Sant Rafael 9 ; menu 29 €, menu dégustation avec vin 69 € ; 13h30-15h30 et 20h30-23h30 lun-dim)

Prendre un verre

La Margarete

29 Plan p. 81, D4

Niché en plein centre historique, ce magnifique jardin est idéal pour siroter un verre tranquillement allongé sur une chaise-longue, au milieu de la pelouse. Grâce à ses cocktails et jus de fruits, à sa musique *indie* et à sa salle d'exposition, ce bar est souvent considéré comme le meilleur de Ciutadella. (☎971 482 097 ; lamargarete.flavors.me ; Carrer de Sant Joan Baptista 6 ; 20h30-3h30)

Hola Ola Mediterranean Beach

30 Plan p. 80, B3

En matière de paillotes de plage, difficile de faire mieux que Hola Ola,

100% minorquin

Tournée des grands-ducs sur le port

Comme se plaisent à le dire ses habitants, Ciutadella offre la vie nocturne la plus trépidante de Minorque, en particulier dans le secteur du port, où sont concentrés les établissements les plus divers : chacun y trouvera à coup sûr l'ambiance qui lui convient. El Pla de Sant Joan constitue la zone la plus festive, au point de se transformer en véritable *botellón* (rassemblement de jeunes se réunissant pour boire) géant. Parmi les adresses les plus fréquentées, mentionnons le **Kopas Club** (☎618 874 376 ; www.kopasclub.com ; Pla de Sant Joan ; 🕒22h-5h30), royaume de la jeunesse, avec la musique la plus branchée et les cocktails les plus imaginatifs. Ici, le personnel est chouchouté et en retour il traite les clients comme des rois.

De son côté, la discothèque **TwentyNight** (☎971 484 704 ; Passeig es Pla de Sant Joan ; 🕒22h-6h) annonce clairement son goût de la nouba, avec des horaires d'ouverture au diapason, jusqu'au petit matin.

Le **Jazzbah** (☎971 482 953 ; www.jazzbah.es ; Pla de Sant Joan 3 ; 🕒23h-5h30), lieu favori des célébrités et l'une des salles de concerts les plus actives de l'île en été, est organisé en deux espaces : le rez-de-chaussée avec de la musique pour danser et, à l'étage, la partie plus tranquille pour prendre un verre et discuter entre amis. Pendant la première quinzaine d'août, les soirées flower power marquent les esprits grâce à leur ambiance rétro des années 1960 et 1970.

Le **Shisha Club** (☎633 426 483 ; Passeig es Pla de Sant Joan 12 ; 🕒21h-4h) est l'établissement le plus original du port. Outre les cocktails avec ou sans alcool, il propose des narguilés (pipe à eau) à partager (pour deux à quatre personnes), avec toutes sortes de saveurs comme menthe, pastèque, raisin ou pomme. Côté musique, attendez-vous à un mélange de funk, soul et R'n'B. Si vous êtes plutôt porté sur les sonorités latines, rendez-vous au **Sakova** (☎679 528 857 ; Passeig des Moll 2), où sont aussi organisés des concerts, des cours de danse et des concours.

Si vous souhaitez rester sur le port, mais préférez siroter votre verre dans une ambiance plus paisible, misez sur le **Café Gabanna** (☎971 482 224 ; Passeig des Moll 5), le bar de la jeunesse dorée de Ciutadella, où l'on écoute du jazz, ou sur le **Sa Clau** (☎971 384 863 ; www.saclau.com ; Carrer Marina 93), doté d'une agréable terrasse sur le port de plaisance.

Port de Ciutadella

à la Cala Blanca. À vous les fabuleux couchers de soleil accompagnés de bonne musique et d'excellents cocktails dans un cadre à la décoration éclectique. Vous pourrez grignoter ou dîner à des prix très raisonnables. (☎665 158 751 ; Carrer Llevant 11, Cala Blanca ; ⏲16h-3h)

À savoir

Commander un "ginet"

Quasiment partout sur l'île, une *pomada* est un mélange de gin et de limonade, mais vous risquez d'essuyer des moqueries si vous utilisez ce terme à Ciutadella. Demandez simplement un *ginet* avec de la limonade.

Sortir

Festival de Música d'Estiu

CONCERTS

31 ★ Plan p. 81, D3

Depuis 45 ans, ce festival organisé par les Joventuts Musicals de Ciutadella se déroule de la deuxième semaine de juillet à fin août, dans le cloître du séminaire de l'Església dels Socors. S'y sont produits des artistes d'envergure internationale, entre autres la soprano Ainhoa Arteta, le baryton Joan Pons ou le flûtiste Claudio Arimany. Pour connaître la programmation, consultez le site Internet. (☎636 866 610 ; www.jjmmciutadella.com)

Líthica

CONCERTS

32 Plan p. 80, C2

Ces carrières abandonnées (voir p. 84) bénéficient d'une acoustique étonnante. Quand arrivent enfin les beaux jours, elles servent d'écrin à des concerts d'artistes de renom tels que Mayte Martín et Joan Miquel Oliver, ainsi qu'à des festivals d'orgue et des expositions de sculptures, et nombre d'autres événements mettant notamment la danse et l'art contemporain à l'honneur. (www.pedravivamenorca.com)

Comprendre

La silla Coca Rossa

En 1930, un menuisier de Ciutadella entreprit d'améliorer la classique chaise pliable en tissu. Il ne le savait pas encore, mais il allait ainsi créer l'un des modèles les plus célèbres du XXe siècle, aujourd'hui appelé chaise de réalisateur, et baptisé Coca Rossa, d'après le nom de famille de son inventeur. L'entreprise continue de produire ces chaises, qui envahissent les trottoirs de Ciutadella en fin de journée, lorsque les voisins se retrouvent pour discuter. Certaines variantes comme le fauteuil à bascule ont été largement commercialisées à l'international.

Shopping

Moll

PÂTISSERIE

33 Plan p. 81, C3

Fondé en 1935, cet établissement a su maintenir l'excellence de ses produits traditionnels au point de devenir une référence en matière de gastronomie sucrée : *carquinyolis* (croquants), *ensaïmades* (escargots), *pastissets* (sablés), confitures et miels. Aujourd'hui, une quatrième génération de professionnels se démène pour imaginer des recettes à la hauteur du prestige acquis au fil des années. (971 381 085 ; www.facebook.com/pastisseriamoll ; Carrer Roser 1 ; 9h-13h30 et 17h-20h)

El Paladar

TRAITEUR

34 Plan p. 81, D2

En pénétrant dans ce commerce haut de gamme, préparez-vous à succomber aux alléchantes odeurs de charcuterie, en particulier celle du jambon ibérique. Large gamme de produits minorquins : fromages, huiles, *carnixulla* (saucisson cru à base de viande et de lard), *camot* (viande hachée enveloppée dans de la peau de porc), gin, alcool d'herbes, vermouth ou pain de cristal. Grand choix de charcuterie à la coupe et de produits sous vide, parfaits pour un pique-nique à la plage ou pour ramener à la maison. Il y a une autre boutique à Ciutadella et des succursales à Es Mercadal et Mahón. (971 382 362 ; www.elpaladar.es ; Carrer de Maó 10 ; 9h-23h45 lun-sam et 10h-15h et 17h-23h dim juil-

100% minorquin

Les fêtes de la Sant Joan

Le cheval est l'animal minorquin par excellence et, durant les célébrations de Sant Joan de Ciutadella, son rôle est véritablement épique. Le pur-sang minorquin se distingue par sa robe noire et un très bon caractère qui le rend particulièrement apte au dressage. Célébrées depuis le début du XIVe siècle, ces fêtes attirent aujourd'hui des milliers de visiteurs.

Les festivités commencent le dimanche précédant le 24 juin avec l'apparition du *s'homo des be* (l'homme à l'agneau), qui représente saint Jean-Baptiste et parcourt les rues avec un agneau blanc et pur sur les épaules. Cependant, les événements les plus marquants sont les *caragols* d'Es Born et de Santa Clara, qui ont lieu le 23 juin, veille de la Saint-Jean et durant lesquels les *cavallers* font danser et cabrer leurs chevaux – cette figure s'appelle le *bot* – devant une foule galvanisée par la joie et le *ginet* à la limonade (p. 93). Les cavaliers représentent les quatre catégories de la société de Ciutadella : le *caixer senyor* incarne la noblesse, le *pagès*, les travailleurs, le *menestral*, les artisans et le *capellà*, le clergé. Si les habitants ne prennent pas la précaution de placer une planche en travers de leur porte, les cavaliers n'hésitent pas à pénétrer dans les maisons.

Autre manifestation hippique très populaire, les Jocs d'es Pla se déroulent le 24 juin : des duos de cavaliers s'affrontent lors d'épreuves d'agilité. Dans un couloir ouvert dans la foule, ils doivent par exemple enfiler une lance dans un anneau (la *ensortilla*). Lors du jeu des *carotades*, les deux cavaliers galopent côte à côte, l'un tenant un bouclier sur lequel est peint un visage grotesque, et l'autre tentant de le briser avec une pierre. Les spectateurs en liesse se disputent ensuite les fragments du bouclier. Toucher un cheval cabré est aussi réputé porter chance.

La prudence est de mise lors des *caragols*, car on peut à tout moment se retrouver encerclé par quatre ou cinq chevaux cabrés, cherchant désespérément un espace pour reposer leurs sabots. De plus, en essayant de récupérer un bout de bouclier au milieu des habitants rompus à l'exercice, vous risquez de vous faire percuter par les cavaliers suivants. Chaque année, on déplore des blessés pendant les fêtes et il s'agit presque toujours d'étrangers.

Pendant que le cortège de cavaliers sillonne la ville, le contre-mur est le théâtre d'une bataille de noisettes, intense mais inoffensive.

Les fêtes de Ciutadella s'achèvent avec le *darrer toc de fabiol* et la phrase traditionnelle, "Fins l'any vinent si Déu vol" ("À l'année prochaine si Dieu le veut").

août, 9h-22h lun-sam et 9h30-14h30 dim juin et sept, 9h-13h30 et 17h-20h lun-sam oct-mai)

Davall Sa Volta

MODE ADLIB

35 Plan p. 81, D2

Dans cette boutique originale, on trouve des vêtements pour femmes, des chaussures traditionnelles – sandales *avarcas*, *porqueres* (derbies multicolores) –, des chemises en coton bio conçues et fabriquées à Minorque, des maillots de bain, des chapeaux et des paréos, mais également des vêtements amusants pour les enfants. (971 487 775 ; Carrer Josep Maria Quadrado 4 ; 10h-24h juil-août, 10h-21h avr-juin et sept-oct)

100% minorquin

Marchés en tous genres

Le secteur des marchés est l'un des plus animés de Ciutadella. Le **marché aux poissons** (Plaça de la Llibertat ; 7h-14h mar-sam) est une petite structure en métal, construite au milieu du XIXe siècle et rénovée en 2011. N'hésitez pas à vous balader entre les étals pour contempler – et acheter – un poisson de la plus grande fraîcheur. En face, sous les arcades et appuyés au séminaire, sont installés les stands du **marché de viande et de légumes.**

En outre, la ville accueille chaque semaine deux **marchés aux puces ambulants** (Plaça des Born ; 8h-15h ven-sam), avec des vêtements, de l'artisanat et des souvenirs, et trois marchés d'artisanat : le **Mercat Capllonch** (Carrer Pere Capllonch ; 19h-24h en été), le **Costa Marina** (Portal del Mar ; 19h-24h l'été) et le **Mercat Artesanal** (Plaça des Born ; 19h-24h lun et ven l'été).

Ca Sa Pollaca

CHAUSSURES

36 Plan p. 81, D2

En activité depuis 1897, cette boutique est l'une des plus anciennes de Ciutadella, mais elle continue de suivre les tendances. Assez touristique à première vue, elle propose une large gamme de sandales *avarcas* imaginatives, de toutes les couleurs, et un grand choix d'espadrilles. Un rayon est dévolu aux fins de série, à prix réduits. (971 382 223 ; www.casapollaca.com ; Carrer Josep Maria Quadrado 10 ; 9h30-13h30 et 17h-22h avr-oct, 9h30-13h30 et 17h-20h nov-mars)

Sensacions de Menorca

SAVONS

37 Plan p. 81, D2

Boutique spécialisée dans les savons, parfums et essences, tous bio et élaborés de manière artisanale sur l'île. Rosa et Tonia, les deux gérantes, vous vanteront les qualités de leurs savons, composés à 80% d'huile d'olive et à 20% de substances végétales et d'huiles essentielles. Choisissez entre les effluves de romarin et menthe, d'avocat ou de fruit de la Passion ; les eaux de Cologne existent en version verveine, vanille ou mûre, entre autres. (971 484 424 ; Carrer

Marché sur le port de Ciutadella

Josep Maria Quadrado 26 ; 9h30-20h30 avr-oct, 9h30-13h30 et 17h-20h nov-mars)

Blanc du Nil

VÊTEMENTS

38 Plan p. 81, C2

Mieux vaut porter des lunettes de soleil pour déambuler dans cette boutique franchisée débordant de vêtements en coton égyptien d'un blanc immaculé, pour hommes et pour femmes. Ici, pas la moindre touche de couleur ou de noir ! Le propriétaire français parle avec enthousiasme de sa collection en coton bio, de la sobriété des coupes et de la symbolique du blanc, qui représente la pureté et la paix. (618 188 401 ; www.blancdunil.com ; Carrer Cal Bisbe Torres 1 ; 10h-23h l'été)

Camamil·la

MAGASIN BIO

39 Plan p. 81, C4

Difficile de faire l'inventaire de ce méli-mélo de produits sains et respectueux de l'environnement : fruits et légumes certifiés bio (de Minorque ou importés), céréales, riz, pâtes, miels, confitures, infusions, huiles, vinaigres, encens, cosmétiques, produits d'hygiène corporelle et produits ménagers, comme de l'anticalcaire et des détergents portant le label bio. Le tout sous le regard de Bouddha, omniprésent. (971 385 988 ; Av. del Capità Negrete 20 ; 9h-14h et 17h-21h lun-ven, 9h-14h sam, avr-oct, 9h-14h et 17h-20h30 lun-ven, 9h-14h sam, nov-mars)

100% minorquin
Cap sur le vin

Au XVIIIe siècle, les navires de Sa Gracieuse Majesté avançaient grâce à la force du vent, tandis que les équipages se motivaient à grand renfort d'alcool. L'Angleterre développa la culture de la vigne sur Minorque afin d'élaborer le vin et le gin dont ses troupes avaient besoin. Lorsque les Britanniques quittèrent l'île, la production s'arrêta, mais à la fin du XXe siècle, une poignée de visionnaires décidèrent de renverser la situation. Aujourd'hui, quelque 50 ha de vignobles permettent de produire des vins de caractère, grâce au climat insulaire.

❶ Binifadet

À l'entrée de Sant Lluís, sur la petite route d'Es Castell, **Binifadet** (p. 41) est le domaine le plus renommé en dehors de l'île. On peut visiter le *celler* (cave) et les vignobles ; des dégustations sont organisées. Excellent restaurant et large choix de vins, dont quelques mousseux. La production de ce seul domaine dépasse celle de tous les autres réunis.

❷ Son Cremat

Dernier arrivé dans le paysage viticole de l'île, le domaine **Son Cremat** (☎606 970 035 ; route Mahón-Sant Climent km 2, Mahón) a commercialisé son premier vin en 2015. Les raisins chardonnay et moscatel produisent un vin blanc très doux et parfumé, ainsi que d'autres crus de qualité. Pour visiter, il faut prendre rendez-vous par téléphone.

❸ Sa Cudia

Les vignes de **Sa Cudia** (www.vinyasacudia.com ; route d'es Grau km 8, Mahón) sont situées dans le Parc Natural de S'Albufera des Grau, dans une magnifique propriété, malheureusement fermée au public. Les sols riches en ardoise confèrent au raisin des caractéristiques uniques que l'on retrouve dans les vins blancs Malvasía.

❹ Sa Forana

Petite propriété offrant des prestations haut de gamme, **Sa Forana** (☎607 242 510 ; www.saforana.com ; Camí de Sa Forana s/n, Sant Climent) est une exploitation familiale de 2 ha où chaque pied de vigne est chouchouté. On y produit des rouges au caractère bien affirmé, avec une telle exigence de qualité que, certaines années, les propriétaires renoncent à les commercialiser.

❺ Ferrer de Muntpalau

Crispín Mariano, ancien restaurateur, fut le pionnier du renouveau de la viticulture à Minorque. Il est spécialisé dans les productions en petite quantité, grâce à des collaborations ponctuelles avec des œnologues du domaine catalan Alella (AOC) à Barcelone. Au **Ferrer de Muntpalau** (☎971 375 334 ; www.bodegasmenorquinas.com ; Camí de Tramuntana km 1, Es Mercadal), il fait naître des crus intéressants, en mêlant savoirs ancestraux et technologie moderne.

❻ Hort Sant Patrici

Le domaine de **Hort Sant Patrici** (p. 70) fait partie d'une grande exploitation très bien entretenue. Gerònia et Lluís Casals bichonnent leurs vignes et leur cave, et surveillent de près la fermentation et le vieillissement en tonneau. Les vins sont produits sous l'appellation Hort.

❼ Sa Marjaleta

Sa Marjaleta (☎971 385 737 ; www.marjaleta.com ; Camí d'Alpare s/n, Ciutadella) est une petite exploitation créée en 2006 dans une ferme familiale spécialisée dans la fabrication de fromage. Les excellents vins blancs et rouges portent l'appellation Iamontanum. Mention particulière au Viognier, l'un des meilleurs blancs de l'île. La propriété possède une **boutique** (Carrer Conqueridor 68, Ciutadella) à Ciutadella.

❽ Binitord

Pour mesurer la qualité de cette exploitation, il suffit d'observer sa **cave** (ouverte au public), construite dans une ancienne carrière de *marès*. En dessous du niveau du sol, elle est ainsi protégée du vent, du froid et de la chaleur.
On y produit des vins blancs, rouges et rosés assez classiques, ainsi qu'une intéressante gamme de vermouths. (☎654 909 714 ; www.binitord.com ; route de Santandrià s/n, Ciutadella)

Minorque
selon ses envies

Les plus belles balades

Envie de...

Cova d'en Xoroi, à la Cala en Porter

Les plus belles balades

Une étape du Camí de Cavalls

Itinéraire

Au XIVe siècle, Jacques II de Majorque fit aménager un chemin tout autour de Minorque, afin de permettre aux cavaliers de longer l'intégralité du littoral, assurant ainsi une défense efficace. À partir de 1980, la pression de la population et l'implication des administrations insulaires aboutirent à la réouverture du sentier pour un usage public. En 2009, il redevint possible de circuler à pied, à cheval ou à vélo, et aujourd'hui le Camí de Cavalls, devenu GR 223, s'étend sur 185 km et peut être parcouru en 20 étapes. La 13e étape, de la Cala en Turqueta à la Cala Galdana, est une agréable balade envisageable sur une matinée.

Départ Cala en Turqueta

Arrivée Cala Galdana

Distance et durée 6,4 km ; 2 h 30

Une petite faim ?

À la Cala Macarella, **Susy** (971 359 467 ; plats 7-15 € ; 10h-19h mai à mi-juin, 10h-23h mi-juin à août, 10h-24h ven-sam) est une ancienne paillote fondée en 1971 et devenue, au fil des années, un restaurant plaisant.

Le Camí de Cavalls, près de la Cala Pilar

1 Cala en Turqueta

Cette étape débute à la **Cala en Turqueta** (p. 86), où le chemin pénètre dans une zone boisée en grimpant assez fortement et en s'éloignant un peu de la côte. Le sentier longe un moment le mur de pierre sèche d'une ferme, puis, après un passage par une pinède ombragée, 1 heure environ après le départ, il parvient à un embranchement menant à la Cala Macaralleta. Le Camí de Cavalls fait l'impasse sur cette plage minuscule (qui n'est donc pas signalée par le balisage officiel), mais n'hésitez pas à faire ce détour.

2 Cala Macarelleta

Créée par une avancée de mer, dans la même baie qu'une autre crique plus grande (Cala Macarella), la **Cala Macarelleta** (p. 86) est encastrée entre deux hautes falaises séparées par un ravin. C'est un paradis pour les plongeurs et de la plage minorquine qui accueille la plus forte concentration de naturistes au mètre carré. Après une baignade revigorante, il faut reprendre le chemin jusqu'au croisement menant à la Cala Macarella.

3 Cala Macarella

Longez le bas de la falaise, grimpez un vieil escalier taillé dans la roche, traversez quelques champs abandonnés puis laissez sur votre gauche la bâtisse rurale du *predi* et descendez à la **Cala Macarella** (p. 86). Dans la crique, vous découvrirez un ensemble de grottes utilisées comme nécropole durant l'époque talayotique.

4 Points de vue

D'autres escaliers mènent sur les hauteurs de la cuvette. De là, le sentier s'écarte des falaises et vous apercevrez bientôt des flèches de bois indiquant différents **miradors**, qui offrent un panorama époustouflant sur Macarella et Macarelleta.

5 Cala Galdana

Le chemin s'enfonce dans un bois ombragé jusqu'à atteindre une descente escarpée conduisant à la **Cala Galdana** (p. 86). Ici, le balisage indique de suivre le sentier du village, mais il est plus intéressant de traverser le pont de bois et de longer la plage jusqu'au poste de secours. À cet endroit, repérez l'Avenida Sa Punta et suivez les indications jusqu'à la Cala Mitjana, l'arrivée de cette étape du Camí de Cavalls.

Les plus belles balades

Parc Natural de S'Albufera des Grau

Itinéraire

Le Parc Natural de S'Albufera des Grau (p. 47) couvre 5 000 ha et abrite des centaines d'espèces d'animaux, dont le lézard des Baléares, endémique de l'archipel. Côté végétation, le parc renferme un riche écosystème alliant marais, dunes et forêts. Dans cette zone protégée, il faut éviter de faire du bruit afin de respecter la tranquillité des oiseaux, surtout en période de nidification. Il est également interdit de s'écarter des chemins. Avant de s'aventurer dans le parc, le mieux est de passer par le centre d'accueil des visiteurs Rodríguez Femenias.

Départ Centre d'accueil des visiteurs

Arrivée Mirador de Ses Puntes

Distance et durée 5 km ; 2 heures

Une petite faim ?

Point de lieux de restauration dans le parc. Rendez-vous au village voisin d'Es Grau pour trouver le **Tamarindos** (971 359 420 ; www.barrestaurantetamarindos.es ; Pas Tamarell 14 ; bar aube-crépuscule mars-nov, restaurant 12h-16h et 19h-22h30 mai-oct), face à la plage.

Fin de journée, S'Albufera des Grau

1 Centre d'accueil des visiteurs

Avant de commencer la promenade, prenez le temps de visiter le **Centre de recepció-interprétació Rodríguez Femenias**, où vous en apprendrez plus sur les écosystèmes de S'Albufera des Grau. Marchez ensuite 200 m jusqu'au petit rond-point agrémenté d'un olivier, où vous découvrirez une barrière en bois et un escalier en pierre. Grimpez-le puis tournez à droite à la bifurcation, puis encore à droite.

2 Punta de Ses Ànedes

Peu après, vous atteindrez la **Punta de Ses Ànedes**, dotée d'une cabane pour observer les oiseaux ; avec un peu de chance vous apercevrez l'aigle pêcheur. Vous devrez ensuite revenir sur vos pas pour parcourir la dernière partie du chemin jusqu'à une petite crique.

3 Cala de Santa Madrona

Vous longerez la **Cala de Santa Madrona**, avec sa végétation hygrophile, notamment ses roseaux à moitié submergés. À l'endroit où le chemin s'élargit, tournez à droite. Plus loin, une autre bifurcation sur la droite mène à un point de vue sur les **îlots d'en Mel** et **des Cagaires**.

❹ Es Prat de S'Albufera

Un peu plus avant, deux cabanes en bois permettent de découvrir **Es Prat de S'Albufera**, une zone plane qui reste inondée durant tout l'hiver. Plus loin s'étend un paysage rural typiquement minorquin, avec un *predi*, l'exploitation agricole traditionnelle. Il faut ensuite refaire tout le parcours dans l'autre sens jusqu'à la barrière en bois, d'où le circuit se poursuit direction est.

❺ Aguait d'en Biel

Le sentier mène à l'observatoire d'oiseaux d'**Aguait d'en Biel**, d'où on peut admirer les canards de la **Cala Sa Font**. Juste après, vous atteindrez le point culminant du parc : à peine 20 m d'altitude, mais un beau panorama d'*ullastres* (oliviers sauvages), espèce caractéristique de l'île. À la bifurcation suivante, vous devrez continuer sur la gauche et traverser une zone dégagée. Ensuite, le chemin longe une maison, unique vestige de ce qui devait être jadis une grande bourgade.

❻ Mirador de Ses Puntes

Le sentier arrive finalement au **mirador de Ses Puntes.** Asseyez-vous sur un banc et profitez du point de vue : sur la droite, la **Cala Llimpa**, sur la gauche, la **Punta na Verda**, et en face, **Sa Gola**.

Envie de... Restaurants

À Minorque cohabitent en parfaite harmonie trois types de cuisine : la cuisine populaire, basée sur l'utilisation optimale des ingrédients disponibles à portée de main, la cuisine créative, qui s'inspire souvent, elle aussi, des produits locaux, et la cuisine internationale, avec en fer de lance les gastronomies française et italienne. Parmi les spécialités locales, citons l'*oliaigua amb figues*, une soupe à la tomate accompagnée de figues, et les *cargols amb cranca*, des escargots à l'araignée de mer.

Cuisine minorquine

S'Algaret Cette ancienne auberge très fréquentée pratique des prix accessibles. (p. 64)

Trébol Dans une grotte de Cales Fonts, ce restaurant propose une cuisine simple mais authentique. (p. 38)

La Rueda Au cœur de Sant Lluís, ce bar de village typique sert de succulentes tapas. (p. 29)

Can Jaumot Une autre auberge, dans les terres cette fois, avec des plats qui réjouiront tout le monde, enfants inclus. (p. 65)

Es Molí des Racó Ancien moulin à farine transformé en restaurant de spécialités locales, idéal pour goûter l'*oliaigua*. (p. 67)

Rels Ce restaurant relève le défi de moderniser les plats les plus traditionnels. (p. 88)

Produits de la mer

Jàgaro L'une des institutions du port de Mahón. (p. 36)

S'Espigó Ici, pas de secret : un poisson de la plus grande fraîcheur, cuisiné avec brio. (p. 37)

☑ À savoir

- Pendant la haute saison, mieux vaut réserver sa table. En basse saison, les jours et horaires d'ouverture des restaurants sont aléatoires ; mieux vaut téléphoner avant de se déplacer.
- Menorca en el plato (www.menorca.es) est un festival gastronomique se déroulant sur 8 jours (juin-juil) partout dans l'île lors duquel vous pourrez déguster pour moins de 10 € un menu de spécialités minorquines. Infos, dates et liste des participants sur le site Web.

Cales Fonts

Es Cranc Ce restaurant possède son propre vivier. Au menu, des soupes à base de langouste et d'autres fruits de mer. (p. 63)

Cafè Balear L'établissement dispose d'un bateau de pêche et ses plats de poisson sont appréciés de tous à Ciutadella. (p. 89)

Cap Roig Avant de passer commande, renseignez-vous sur le poisson du jour, toujours ultra frais. (p. 38)

Cuisine créative

Ses Forquilles Une adresse haut de gamme, avec des assiettes truffées de fantaisie qui séduiront les plus fins gourmets. (p. 36)

Rais Les propriétaires ont su transférer le savoir-faire de Ses Forquilles jusqu'à ce coin du port de Mahón. La carte fait la part belle aux plats à base de riz. (p. 37)

Santa Rita Le menu 9 plats est une expérience gastronomique inoubliable, à savourer lors d'une belle soirée d'été. (p. 37)

Ca Na Pilar Ici, le mieux est de se laisser conseiller par le chef et de profiter du cadre rural. (p. 68)

Mon En plein cœur de Ciutadella, la carte est aussi sobre et exquise que la décoration. (p. 88)

Agua Un palais du XVIe siècle sert d'écrin à ce restaurant gastronomique où les produits locaux sont à l'honneur. (p. 91)

Mestre d'Aixa Un ancien atelier de menuiserie transformé en laboratoire de cuisine avant-gardiste. (p. 36)

Cuisine internationale

Casanova La cuisine italienne est une bonne alternative aux soupes et plats à base de poisson. (p. 37)

Pan y Vino Spécialités françaises de grande qualité. (p. 39)

007 Un mélange de burgers et de jazz en direct de la Cala en Porter. (p. 67)

La Cayena Un voyage culinaire entre Cambodge, Inde, Vietnam et Thaïlande, sans bouger de Ciutadella. (p. 90)

Envie de... Bars et discothèques

Minorque est une île tranquille, mais, à l'image d'autres destinations méditerranéennes, les bars et les discothèques jouent un rôle important dans les loisirs et la vie sociale. Le choix est large, des paillotes de plage aux bars à tapas de l'intérieur des terres, en passant par les établissements les plus animés des ports de Mahón et Ciutadella.

Au bord de l'eau

Paupa Tranquille pendant l'après-midi, les fêtards de Binibèquer Nou s'y donnent rendez-vous en soirée. (p. 41)

Hola Ola Mediterranean Beach Sur la plage, idéal pour apprécier les couchers de soleil et les délicieux cocktails. (p. 91)

Susy Face à la mer, cette ancienne paillote hippie s'est muée en restaurant moderne, avec des plats corrects à déguster sous les pins. (p. 102)

Soirée tapas

Casino de Sant Climent Dans ce lieu intemporel, on savoure des tapas à base de boulettes de viande, tripes ou bœuf aux petits pois. (p. 29)

American Bar Sandwichs à la soubressade minorquine, en plein cœur de Mahón. (p. 29)

La Rueda Bar traditionnel servant du civet de foie, des escargots de mer et d'autres tapas classiques. (p. 29)

Ambiance chic

Blue Sky Bar Cocktails, musique, banquettes balinaises et Jacuzzi, dans un hôtel de luxe. (p. 41)

Es Claustre Cet ancien cloître du XVIIIe siècle s'avère un cadre sophistiqué pour grignoter des en-cas. (p. 40)

Isabella Beach Club Décoration minimaliste, bonne musique, cocktails, gins tonics, vins et jus de fruits. (p. 68)

La Margarete Un jardin verdoyant, une terrasse et des cocktails, en plein centre de Ciutadella. (p. 91)

Discothèques

Tiffany's Menorca Haut lieu de la fête sous un ciel étoilé, près de l'aéroport. (p. 41)

Cova d'en Xoroi Une grotte creusée dans une falaise accueille les folles nuits de la Cala en Porter. (p. 68)

Jazzbah Pour voir et être vu. (p. 92)

Envie de... Shopping

Sandales et chaussures

Avarca shop Des sandales *avarcas* de toutes sortes et de toutes les couleurs. (p. 42)

RIA Menorca Ancien atelier d'artisanat transformé en boutique proposant tous types de sandales *avarcas*. (p. 71)

Ca Sa Pollaca Sandales *avarcas* et espadrilles, avec un rayon pour les fins de série, à prix intéressants. (p. 96)

Jaime Mascaró Des chaussures de grande qualité ; mention spéciale à la ligne Pretty Ballerinas. (p. 71)

Prêt-à-porter

Sa casa des cotó Foulards et vêtements en coton égyptien dans le plus pur style méditerranéen. (p. 42)

Davall sa Volta Vêtements à la mode insulaire pour les femmes et collection rigolote pour les enfants. (p. 96)

Blanc du Nil Vêtements d'un blanc immaculé, avec des coupes parfaites et un coton bio égyptien. (p. 96)

Vin et gin

Destilerías Xoriguer Vous pourrez bien sûr acheter du gin mais aussi assister à l'élaboration de la boisson insulaire par excellence. (p. 43)

De vins Menorca Tous les vins possibles et imaginables sont réunis dans cette boutique appartenant à un sommelier qui prend plaisir à conseiller ses clients. Cours d'œnologie et dégustations. (p. 44)

Gastronomie

Can Bernat Vente et dégustation de fromages de Minorque et d'autres produits locaux. (p. 45)

Hort Sant Patrici Toutes les denrées alimentaires produites sur l'île sont proposées ici. (p. 70)

El Paladar Dans cette épicerie, on vous emballera sous vide n'importe quel produit afin que vous puissiez

le ramener chez vous en avion. (p. 94)

Douceurs

Moll Pâtisseries créatives ou classiques comme les *carquinyolis* (sablés aux amandes) et les *ensaïmades* (brioches). (p. 94)

Cas Sucrer Un établissement prestigieux réputé pour ses *ensaïmades*, *cocas bambas* (brioches moelleuses), *formatjades* (friands) et *amargos* (gâteaux secs aux amandes). (p. 70)

Es Llonguet De ce four traditionnel sort une myriade de mets sucrés ou salés. (p. 45)

Envie de… Marchés

Minorque possède une flotte de petits bateaux de pêche qui prennent la mer quotidiennement. Tout juste débarquées, les prises du jour peuvent être admirées et achetées sur les deux principaux marchés de l'île. De plus, en été, des marchés d'artisanat s'installent dans différents villages, quasiment tous les soirs : de quoi profiter de la douceur vespérale et acheter quelques souvenirs typiques après une journée de plage.

Marchés aux poissons

Marché aux poissons de Mahón Visite incontournable, surtout depuis l'installation d'un espace restauration où vous pourrez déguster les produits vendus sur les étals voisins. (p. 39)

Marché aux poissons de Ciutadella Un autre passage obligé qui donne une idée de la diversité des créatures aquatiques évoluant dans les eaux de Minorque. (p. 96)

Marchés de Mahón

Mercat des Claustre Produits frais et stands d'artisanat et de céramique. (p. 39)

Mercat d'artesania Artisanat local (Plaça d'Espanya ; ⏲10h-14h mer mi-juin à fin août).

Marchés de Ciutadella

Costa Marina Également appelé FIRAC ; marché d'artisanat, à côté du port. (p. 96)

Mercat Artesanal Comme son nom l'indique, un marché d'artisanat. (p. 96)

Mercat Campllonch Souvenirs bon marché, pas toujours authentiques. (p. 96)

Autres marchés

Mercat Artesanal de Es Mercadal (⏲19h-22h30 jeu juin-sept). Artisanat dans les rues du centre-ville.

Mercat Creatiu Artesanal (⏲19h-24h lun juil-août). Marché d'artisanat à Cales Fonts.

Mercat Artesanal de Fornells (⏲20h-24h mai-oct). Artisanat local en tous genres.

Mercat Nocturn d'Alaior (⏲19h-23h mi-juil à fin août). Artisanat et activités culturelles dans le centre historique.

Mercat de Nit de Ferreries (⏲19h-23h ven juil-août). Célèbre sur toute l'île.

Mercat ambulant de Cala en Porter (⏲19h-23h lun et jeu mai-oct). Vêtements, accessoires et souvenirs.

Mercat Artesanal de Es Migjorn Gran (⏲19h30-23h30 mar juil-août). Artisanat et activités culturelles.

Envie de... Musées

Museu de Menorca Aménagé dans l'ancien couvent de Sant Francesc ; un voyage à travers l'histoire de l'île. (p. 25)

Museu Diocesà de Menorca Dans l'ancien réfectoire du couvent de Sant Agustí, des peintures, de l'orfèvrerie et de l'art sacré. (p. 87)

Es Molí de Dalt Ce vieux moulin conserve une exposition consacrée aux outils agricoles et à certains métiers ancestraux. (p. 34)

Museu Municipal des Bastió de sa Font Objets liés à l'histoire de Minorque. (p. 87)

Musée du Far de Cavalleria Connu comme "El Nord del Nord", le Centre d'Interpretació del Cap de Cavalleria explique l'écosystème du secteur et l'histoire du phare depuis sa construction. (p. 55)

Museu de Ciències Naturals de Menorca Installé dans une ancienne exploitation agricole, ce musée illustre la vie rurale de l'île. (p. 62)

Centre de Geologia de Menorca (☎971 374 505 ; www.geologiamenorca.org ; Carrer Mallorca 2, Ferreries ; gratuit ; ⏱10h-14h et 18h-20h mar-dim mai-sept, 10h-14h mar-sam mars-avr et oct-nov). Montre la géologie de l'île dans toute sa diversité et sa richesse, et la façon dont elle modèle le paysage. Intéressante collection de fossiles découverts dans les environs.

Museo Militar de Menorca (☎971 362 100 ; Plaça de l'Esplanada 19, Es Castell ; www.museomilitarmenorca.com ; tarif plein/senior et 13-16 ans/- de 13 ans 3/1,50 €/gratuit ⏱10h-13h lun-ven et 1er dim du mois juin-août, lun, mer, ven et 1er dim du mois sept-mai). Occupe une partie de l'ancienne caserne de la Cala Corb et explique l'histoire militaire minorquine, de l'époque néolithique à nos jours.

Envie de... Minorque avec des enfants

Minorque est une destination fantastique pour voyager en famille. En effet, cette île paisible offre une multitude de possibilités pour les plus jeunes : plages, petites balades à travers de superbes sites naturels, visite d'une ferme spécialisée dans la production de fromage, etc.

Lloc de Menorca (☎971 372 403 ; www.llocdemenorca.com ; route Mahón-Alaior km 7,8, Polígono 12, urbanización L'Argentina ; tarif plein/senior et 3-12 ans 12/8 € ; ⏲10h-20h juil-août, 10h-19h mai-juin et sept, 10h-18h oct, 10h-18h week-ends nov, 10h-18h mar-dim mars-avr). Ce centre zoologique imaginé pour les plus petits leur permet de découvrir les espèces endémiques et des animaux de toute la planète.

Plages Pour leur facilité d'accès et leur sable fin et doré, idéal pour construire des châteaux avec les bambins, les meilleures plages sont celles de Cala Mitjana, Son Saura, Cala Galdana, Cala Morell et Cala en Porter.

Bosque de S'Arangí Près d'Es Mercadal, cette forêt comporte trois itinéraires de difficulté variable, pour initier les enfants aux joies de la nature.

La magie de l'île Autres activités qui plairont à coup sûr aux plus jeunes : observation des oiseaux à S'Albufera, découverte de la voile à Fornells ou ascension du monte Toro.

Aires de jeux Chaque localité compte au moins une aire de jeux : Es Fraginal (Mahón), complètement protégée de la circulation, S'Esplanada (Es Castell), un bon endroit pour apprendre à faire du vélo, Plaça Nova (Sant Lluís), à côté d'Es Molí de Dalt, zone portuaire de Fornells, avec vue sur la baie, plage de Cala en Porter, avec des toboggans et des balançoires, Poliesportiu Municipal (Alaior), avec une tyrolienne et un dragon semblant surgir de l'eau, et Plaça dels Pins (Ciutadella), à côté de la Plaça des Born.

Envie de...
Plages de rêve

À Minorque, chaque plage est un monde à part. Certaines sont envahies de monde, d'autres sont peu fréquentées en raison de leur accès difficile, certaines sont prisées des familles, d'autres des naturistes, et d'autres encore des familles naturistes. Sable ou galets, il y en a pour tous les goûts.

Son Bou Une plage éminemment touristique et familiale. L'extrémité occidentale est fréquentée par un public homosexuel. (p. 59)

Cala Pregonda La couleur rougeâtre des rochers, la difficulté d'accès et l'aspect lunaire du paysage la démarquent des autres plages du nord de l'île. (p. 55)

Cala Macarelleta Une plage naturiste baignée d'eaux d'une incroyable couleur turquoise. Un cadre tellement idyllique qu'on aimerait y vivre toute l'année. (p. 86)

Cala Escorxada, Fustam et Trebalúger Pendant des années, ces plages sont restées quasiment désertes en raison de leur difficulté d'accès, puisqu'il faut près d'une heure de marche pour les atteindre. Désormais, **Taximar** (☎ 609 054 444 ; www.menorcataximar.com ; départ 9h-14h30, retour 14h-19h) assure des liaisons vers différentes criques sauvages du sud de l'île. Le bateau fait un premier trajet sans s'arrêter afin que les passagers choisissent la plage qui leur plaît le plus.

Platja des Bot Plage de forme quasi rectangulaire, assez cachée, qui nécessite de franchir un piton rocheux et un torrent. Avec un peu de chance, vous verrez des tortues. Cette plage et celle d'Es Tancats forment la Cala Algaiarens.

Cala Pilar Plage sauvage du Nord, naturiste et difficile d'accès. Elle est bordée d'immenses dunes et implique la traversée d'une zone boisée. De fait, elle n'est jamais bondée, même en août.

Envie de... Activités nautiques

Pour un regard différent sur Minorque, le mieux est d'explorer l'île depuis l'eau, en nageant ou à bord d'une embarcation. Pour cela, il vous suffira de contacter l'un des nombreux loueurs de matériel et de bateaux, installés sur les ports et les principales plages et criques. La gamme de prestations est large, du baptême de plongée à la location de voilier, avec ou sans capitaine, pour faire le tour complet de l'île. Pour les plus romantiques, rien ne vaut une croisière à bord d'un *llaüt* traditionnel.

Plongée

Binibeca Diving Menorca (☎971 685 193 ; www.binibecadivingmenorca.com ; Carrer de Platja de Llevant s/n, Cala Torret, local 5, Binibèquer Nou). Baptême de plongée et stages *Open Water Diver* PADI.

Merakdiving (☎971 361 858 ; www.merakdiving.com ; Passeig Marítim Poeta Gumersind Riera 65, Fornells). Cours *Scuba Diver*, circuits et baptêmes.

Scuba Plus (☎696 903 160 ; scubaplus.blogspot.com.es ; Cala en Busquets 10, Ciutadella). Sorties et cours pour tous niveaux, des débutants aux plongeurs aguerris.

Blue Islands Diving Menorca (☎629 734 873 ; www.blueislandsdiving.com ; Passatge Riu 7, Serpentona, Cala Galdana). Cours PADI et *Scuba Diving*.

Barques et voiliers

Menorca Nautic (☎971 354 543 ; www.menorcanautic.com ; Moll de Llevant 152, Mahón). Un prestataire fiable et réputé. Location de voiliers et de barques minorquines.

Nautic Fun Charter (☎971 364 250 ; www.nauticfunmenorca.com ; Moll de Sa Colàrsega, Mahón). Location de bateaux semi-rigides, barques et voiliers, avec ou sans capitaine.

Power Boats Fornells (☎ 662 214 585 ; www.powerboatsfornells.com ; Passeig Marítim Poeta Gumersind Riera 23, Fornells). Location de barques motorisées à la journée ou à la semaine.

Catamarans

Yellow Catamarans (☎639 676 351 ; www.yellowcatamarans.com ; Moll de Llevant 12, Mahón). Traversée du port de Mahón à bord d'un catamaran au fond vitré, avec des commentaires sur les sites intéressants. Propose également des excursions.

Cala Trebalúger

Ocean Cat (680 729 138 ; www.oceancatmenorca.com ; Passeig des Moll, Ciutadella). Excursions le long de la côte ; l'itinéraire change chaque jour en fonction du vent.

Katayak (626 486 426 ; www.katayak.net ; Passeig Marítim Poeta Gumersind Riera 69, Fornells). Sorties en catamaran au coucher du soleil, depuis le port de Fornells.

Kayak

Menorca en Kayak (669 097 977 ; www.menorcaenkayak.com ; Carrer Tramuntana 9, Es Grau). Location de kayak à l'heure ou à la journée, excursions et traversées.

Sports Kayak (616 338 393 ; www.sportskayak.es ; Carrer Sense Nom 37, Cala Torret, Binibèquer). Location de kayaks et excursions partout autour de l'île.

Kayak Menorca (609 670 996 ; www.kayakmenorca.com ; Passeig Marítim Poeta Gumersind Riera 41, Fornells) Excursions kayak/snorkeling et location de kayaks.

Llaüt

Llatina (678 239 487 ; www.llatinaboats.com ; Passeig Marítim Poeta Gumersind Riera, Fornells). Location de quatre *llaüts* près de la Reserva Marina del Norte de Menorca.

Bubbi Charter Menorca (971 353 997 ; www.bubbicharter.com ; Moll de Llevant 100, Mahón). Ce prestataire loue un large éventail de *llaüts* traditionnels.

Envie de...
Hôtels de charme

Jardí de ses Bruixes (☎ 971 363 166 ; www.hotelsesbruixes.com ; Carrer de Sant Ferran 26, Mahón). Petit hôtel-boutique aménagé dans une demeure seigneuriale du XIXe siècle, rénovée dans un style moderniste. Il y a 8 chambres, un ravissant patio et un café ouvert au public, proposant trois types de petits déjeuners.

Sant Joan de Binissaida (☎ 971 355 598 ; www.binissaida.com ; Camí de Binissaida 108, Es Castell). Un manoir du XVIIIe siècle, dans un environnement dominé par les pins, les *ullastres* et les chevaux minorquins. Chacune des 12 chambres porte le nom d'un compositeur, et jouit d'une vue sur la campagne et la mer. Il y a une piscine, un jardin de 12 ha et un restaurant gastronomique proposant une cuisine du marché.

Alcaufar Vell (☎ 971 151 874 ; www.alcaufarvell.com ; route d'Alcaufar km 8, Sant Lluís). Propriété appartenant à la même famille depuis le XIVe siècle, cette ancienne maison de campagne située à seulement 2 km de la plage a été transformée en hôtel rural. Les 21 chambres sont réparties entre le bâtiment principal, l'ancien lavoir et les écuries. L'ancienne remise à calèches abrite désormais un restaurant.

Biniarroca (☎ 971 150 059 ; www.biniarroca.com ; Camí Vell 57, Sant Lluís). À mi-chemin entre Mahón et Sant Lluís, cet hôtel occupe une maison minorquine typique, en *marès*, entourée d'un vaste jardin. Ce havre de paix dispose aussi de deux piscines et d'un restaurant proposant une cuisine créative.

Matxani Gran (☎ 971 153 337 ; www.matxanigran.com ; route de Binidali km 1,5, Sant Climent). Dans cet établissement d'agrotourisme, les hôtes ont accès à une cuisine et à un barbecue. La demeure du XVIIIe siècle est sise au milieu d'un terrain de 10 ha, où broutent quelques ânes et un troupeau de brebis. Il y a 10 chambres : 9 dans la maison principale et

☑ À savoir

- Beaucoup d'hôtels ferment durant la basse saison ; si vous voyagez au printemps ou à l'automne, renseignez-vous avant de partir.
- Les hôtels ruraux comptent peu de chambres et affichent rapidement complet en été. Il faut réserver plusieurs mois à l'avance, surtout pour août.

Hôtel rural Sant Joan de Binissaida

une dans l'ancienne remise à calèches.

Torralbenc (☎971 377 211 ; www.torralbenc.com ; route Mahón-Cala en Porter km 10, Alaior). Hébergement créé dans un ensemble de maisons rurales jadis dédiées à l'élevage et à l'agriculture. Outre les chambres des maisons, il y a quelques logements indépendants et un restaurant réputé (p. 67).

Agroturisme Binisaid (☎971 155 083 ; www.binisaid.com ; route de Cala Galdana km 4,3, Ferreries). Hôtel d'agrotourisme avec piscine, bénéficiant d'un emplacement privilégié à côté du Barranc d'Algendar. Il se compose de 4 chambres et d'un appartement indépendant avec cuisine.

Binigaus Vell (☎971 054 050 ; www.binigausvell.com ; Camí de Sa Mala Garba km 0,9, Es Migjorn Gran). Cet hôtel quatre-étoiles s'enorgueillit d'une écurie qui ravira les amateurs de tourisme équestre : les propriétaires possèdent l'un des plus importants cheptels de chevaux de l'île. Également un bon restaurant.

Sant Ignasi (☎971 385 575 ; www.santignasi.com ; Ronda Nord s/n, Ciutadella). Cette ferme du XVIIe siècle fut jadis la résidence d'été d'une riche famille de Ciutadella. Il s'agit désormais d'un hôtel rural de 25 chambres, toutes différentes. La propriété compte aussi un restaurant.

Envie de... Couchers de soleil

Impossible de quitter Minorque sans avoir assisté au moins une fois au spectacle du soleil se couchant sur la mer. En fin de journée, de nombreux amateurs gagnent les différents points de l'île permettant de profiter de ce somptueux tableau. En famille, entre amis ou dans la solitude la plus totale, le silence est souvent le meilleur allié de ces moments inoubliables.

Far de Cavalleria Du haut de la falaise, admirez le coucher de soleil sur une mer constellée d'îlots tutoyant la côte. (p. 55)

Far de Punta Nati Ce phare protégé par d'anciennes constructions militaires offre un époustouflant coucher de soleil, à 20 minutes en voiture de Ciutadella.

Far d'Artrutx Il n'est pas aussi spectaculaire que les phares de Cavalleria et Punta Nati, mais son emplacement à l'extrémité sud-est de l'île en fait le lieu idéal pour assister à un coucher de soleil sur la mer scintillante.

Cova d'en Xoroi Ici, on peut contempler un coucher de soleil un mojito à la main et avec une musique d'ambiance. Malgré une foule très dense, l'endroit ne perd rien de son caractère exceptionnel. (p. 68)

Monte Toro Depuis le point culminant de l'île, profitez à la fois du coucher de soleil et d'un point de vue à 360° sur le paysage minorquin. (p. 62)

En pleine mer Pour une expérience singulière, offrez-vous un coucher de soleil avec de l'eau à perte de vue. En été, Katayak (p. 115) organise des sorties de quasiment 3 heures en fin de journée, à bord d'un catamaran. Départ du port de Fornells.

Carnet pratique

Carnet pratique

Avant de partir

Quand partir

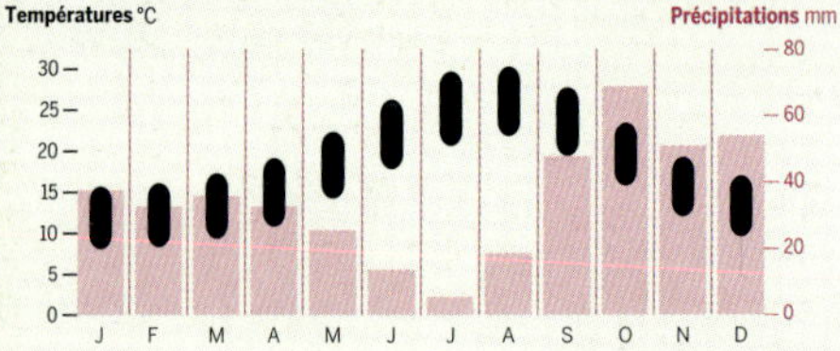

➡ **Printemps (mars-mai)** Températures agréables. Beaucoup d'établissements ouvrent à partir de la Semaine sainte.

➡ **Été (juin-sept)** Point d'orgue de la saison touristique. Températures très élevées. En août, l'île est bondée.

➡ **Automne (oct-nov)** Le beau temps est de la partie jusqu'à mi-octobre. Des averses ponctuelles sont possibles.

➡ **Hiver (déc-fév)** Le froid et la tramontane font leur apparition. La plupart des établissements touristiques sont fermés.

Hébergement

☑ Il est essentiel de réserver longtemps à l'avance pour le mois d'août.

➡ De plus en plus d'hôtels ruraux offrent un hébergement en pleine campagne, mais avec tout le confort.

➡ Beaucoup d'hébergements sont fermés de mi-octobre jusqu'à la Semaine sainte.

➡ Les prix s'envolent en juillet et août, mais les remises sont fréquentes au printemps.

Sites Internet

➡ **Lonely Planet** (www.lonelyplanet.fr). Infos sur Minorque, forum des voyageurs, etc.

➡ **Menorca.com** (www.menorca.com). Réservations d'hôtels, d'appartements et de villas à Minorque.

➡ **Disfruta Menorca** (www.disfrutamenorca.com/donde-dormir). Conseils en matière d'hébergement.

➡ **Hoteles con encanto** (www.hotelesconencanto.com/menorca). Sélection d'hôtels de charme à Minorque.

➡ **Menorca diferente** (menorcadiferente.com). Guide touristique proposant tous types d'hébergement.

➡ **Airbnb** (www.airbnb.fr). Des chambres ou logements entiers proposés par des particuliers. **BedyCasa** (fr.bedycasa.com) fonctionne sur le même principe.

Petits budgets

➡ **Hostal La Isla** (www.hostal-laisla.com). En plein centre de Mahón, cet hôtel une-étoile, géré en famille, est idéal pour les budgets limités.

➡ **Hostal Jume** (www.hostaljume.com). Cet hôtel de Mahón récemment rénové jouit d'une atmosphère familiale et douillette. Chambres simples, doubles et familiales.

➡ **Hostal Sa Posada** (www.hostalsaposada.com). Petit établissement de Ciutadella, très propre, avec seulement 7 chambres et à 100 m de la gare routière.

➡ **Hostal Castillo de Sancho Panza** (www.hostalcastillosanchopanza.com). À Cala en Porter, cette réplique d'un château médiéval est parfaite pour les voyageurs souhaitant profiter au maximum de la plage.

Catégorie moyenne

➡ **Artiem Capri** (www.artiemhotels.com/es/capri). Dans le centre de Mahón, vous profiterez d'un spa et de deux piscines, l'une couverte et l'autre extérieure. Bon rapport qualité/prix.

➡ **Ca s'Arader** (www.hotelcasarader.com). Dans le cœur de Ciutadella, les chambres sont attrayantes et modernes. Également une cuisine commune.

➡ **Hostal S'Algaret** (www.hostal-salgaret.com). L'auberge S'Algaret de Fornells (voir p. 64) est un établissement en activité depuis les années 1950. Aux beaux jours, la piscine est un bonus appréciable.

➡ **Es Mercadal** (www.hotelmercadal.com). Hôtel plein de cachet, dans une maison du XIXe siècle parfaitement restaurée. Idéal pour découvrir l'intérieur des terres, plus rural.

Hôtels de charme

Pour découvrir les hébergements les plus enchanteurs de l'île, voir p. 116.

Catégorie supérieure

➡ **Barceló Hamilton** (www.barcelo.com/fr/hotels/espagne/iles-baleares/minorque/barcelo-hamilton-menorca). Hôtel offrant tout le confort possible et une vue spectaculaire sur la baie de Mahón. Sur la terrasse, vous découvrirez le Blue Sky Bar (voir p. 41). Les enfants ne sont pas admis.

➡ **Can Faustino** (www.canfaustino.com). Face au port de Ciutadella, cet hôtel luxueux et raffiné occupe un palais du XVIIe siècle, restauré et décoré par l'architecte d'intérieur française Olivia Putman.

➡ **Insotel Punta Prima Resort** (www.insotelhotelgroup.com/resorts/menorca/insotel-punta-prima-resort). Avec 3 piscines, 8 courts de tennis et un vaste spa, cet hôtel de Punta Prima est idéal pour les familles.

➡ **BortBlue La Quinta** (www.laquintamenorca.com). Entre Son Xoriguer et Cala en Bosc, au sud-ouest de l'île, cette adresse est la garantie d'un maximum de confort et de sublimes couchers de soleil. Les enfants ne sont pas admis.

Campings

➡ **Camping Son Bou** (www.campingsonbou.com). Camping de première catégorie, avec tous les services nécessaires et 70 000 m^2 de pinèdes et d'espaces verts. À 3 km de la plage de Son Bou.

➡ **Camping S'Atalaia** (www.campingsatalaia.com). Entre Ferreries et Cala Galdana. Si vous n'êtes pas véhiculé, le bus pour Cala Galdana s'arrête juste devant l'entrée.

Arriver à Minorque

☑ Pour rejoindre l'endroit dans lequel se trouve votre hébergement, voir p. 17.

Aéroport de Minorque

➡ L'aéroport se trouve au sud-est de l'île, en bordure de la route de Sant Climent, à 4,5 km de Mahón et à 47 km de Ciutadella. Il s'agit de la principale porte d'accès de l'île.

➡ Plusieurs agences de location de voitures sont installées dans le terminal des arrivées. À la sortie de ce même terminal, vous trouverez les taxis. La course pour Mahón/Cala Galdana/Ciutadella côute 15/40/50 € environ.

➡ Les bus de la **ligne n° 10** (2,60 €) circulent toutes les 30 minutes entre l'aéroport et la gare routière de Mahón, d'où partent d'autres liaisons pour les principales localités de l'île.

Port de Mahón

➡ Niché au bout de la large baie de Mahón, à l'abri de la tramontane. Il accueille les ferries en provenance de Barcelone, Palma de Majorque et Valence, ainsi que des bateaux de croisière circulant en Méditerranée. Il n'existe pas de liaison directe en ferry entre la France et Minorque.

Port de Ciutadella

➡ Peu de trafic commercial, mais des ferries provenant de Barcelone et Alcudia (Majorque).

Depuis la France

➡ **Vueling** (✆ 0899 232 400 ; www.vueling.com/fr), compagnie low-cost affiliée à Iberia, assure des liaisons directes régulières en haute saison au départ de Paris et à destination de Minorque. En basse saison, les vols comptent généralement une escale à Barcelone. Comptez entre 150 et 300 € aller-retour en haute saison.

➡ **Easyjet** (www.easyjet.com) propose des vols Paris-Minorque directs en haute saison (juin-sept). L'aller-retour vous reviendra de 100 à 200 €.

Depuis la Belgique

➡ **Tui fly** (✆ 0899 190 043 ; www.tuifly.fr). Seule cette compagnie low-cost (ancienne JetairFly) propose des vols directs entre la Belgique et Minorque, au départ de Bruxelles. Comptez entre 150 et 250 € aller-retour.

➡ **Vueling** (✆ 0899 232 400 ; www.vueling.com/fr) propose des liaisons Bruxelles-Minorque via Barcelone.

Depuis la Suisse

➡ **Easyjet** (www.easyjet.com) assure deux vols

directs hebdomadaires entre Genève et Minorque en haute saison. Un vol aller-retour vous reviendra à environ 150 CHF.

➡ **Skywork** (☎ 0318 101 818 ; flyskywork.com) dessert en haute saison Minorque au départ de Berne sans escale.

➡ **Tui fly** (☎ 0899 190 043 ; www.tuifly.fr) propose des vols directs Bâle-Minorque en haute saison.

Depuis le Canada

➡ Il n'existe pas de vols directs entre le Canada et Minorque, il faut même le plus souvent compter deux escales pour rallier l'île.

➡ **British Airways** (www.britishairways.com) assure des liaisons depuis Montréal et Toronto, parfois en partenariat avec Vueling, Iberia ou Air Nostrum. Comptez entre 1 500 et 2 000 CAD.

Comment circuler

Bus

☑ Le plus économique, mais seules les principales plages et localités sont desservies.

➡ Les sites Internet de **Transportes Menorca** (www.tmsa.es) et du **Consell Insular de Menorca** (menorca.tib.org) indiquent les itinéraires et les horaires.

➡ Les principales lignes sont Mahón-Ciutadella, Mahón-Es Castell, Mahón-Sant Lluís, Mahón-aéroport et Mahón-Cala en Porter, avec des arrêts dans les principales localités sur le trajet.

➡ Il est possible de transporter son vélo dans les bus, à condition qu'il soit dans une housse (un seul vélo par bus).

➡ Pour la plupart des trajets, les tarifs oscillent entre 1,25 € (Mercadal-Ferreries) et 5,10 € (Mahón-Ciutadella).

➡ Plusieurs lignes sont desservies par des bus de nuit.

Vélo

☑ Le plus adapté aux déplacements sur les chemins et pistes de terre.

➡ Il y a des loueurs et des ateliers de réparation à Mahón, Ciutadella et dans les principales localités touristiques.

➡ Il est possible de parcourir la quasi-totalité du Camí de Cavalls à VTT.

➡ Six itinéraires sont particulièrement recommandés pour explorer l'île à vélo, d'une extrémité à l'autre : Ciutadella-Ferreries (16,5 km ; 2 heures), Ferreries-Es Mercadal (15,5 km ; 1 heure 30), Es Mercadal-Alaior (7,7 km ; 45 minutes), Alaior-Mahón (12 km ; 1 heure 15), Mahón-Es Castell (8 km ; 45 minutes) et Es Castell-Sant Lluís (6 km ; 30 minutes).

Voiture et moto

☑ Le plus pratique pour explorer les criques de l'île.

➡ Vous trouverez des agences de location à l'aéroport, ainsi qu'à Mahón, Ciutadella et dans les principales localités touristiques.

➡ En juillet et août, il arrive qu'il n'y ait plus de véhicules disponibles, d'où la nécessité de réserver bien à l'avance.

➡ De nombreuses criques ne sont pas desservies par les transports publics ; une voiture ou une moto permet de découvrir celles qui ne sont pas interdites à la circulation.

➡ Même si l'état de la voirie s'est grandement amélioré, certains chemins sont très cahoteux, parfois étroits et coincés entre deux murs de pierre sèche. Avant de vous engager sur une piste inconnue, assurez-vous qu'elle soit carrossable jusqu'au bout.

Quelques agences de location locales :

Autos Xoroi (www.alquilercochesmenorca.com)

Tramuntana Car (tramuntanarentacar.es)

Valls (www.autosvalls.com)

Menorcarent (www.menorcarent.com)

Autos Menorca (www.autosmenorca.com)

Taxi

☑ Le plus pratique pour les distances courtes si vous n'êtes pas véhiculé.

➡ En juillet et août, les taxis viennent parfois à manquer.

➡ La compagnie **Radio Taxi Menorca** (www.taximenorca.es ; ☎971 482 222) compte plus de 20 stations dans toutes les localités de l'île et assure un service 24h/24, toute l'année.

➡ Les tarifs de nuit sont plus élevés (21h-6h).

Infos pratiques

Argent

On trouve des DAB dans toutes les villes.

Monnaie Euro (€)

Cartes bancaires Acceptées dans quasiment tous les commerces, restaurants, agences, hôtels et supermarchés. Cependant, certains petits bars et paillotes de plage prennent uniquement les espèces.

Désagréments et dangers

➡ Minorque est une île très sûre, mais des vols ou escroqueries peuvent se produire de façon sporadique. Les visiteurs devront agir avec bon sens et prendre les précautions habituelles.

➡ Soyez prudent sur les grandes plages et évitez d'avoir des objets de valeur et/ou de grosses sommes en liquide dans les lieux très fréquentés comme les marchés ou les fêtes populaires.

Électricité

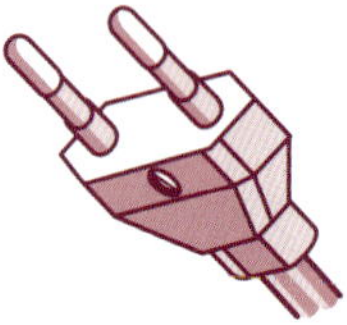

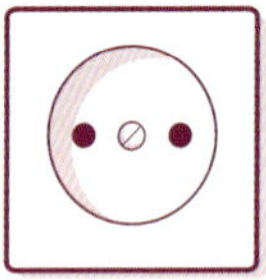

220 V/230 V/50 Hz

Formalités et visas

Pays de l'UE et espace Schengen Visa inutile. Un passeport ou une carte d'identité suffit.

Canada Un visa n'est pas nécessaire pour les séjours touristiques n'excédant pas 90 jours. Un passeport suffit.

Reste du monde Consultez une ambassade ou un consulat espagnol.

Handicapés

Il existe 12 plages adaptées aux personnes à mobilité réduite, avec des secouristes, des rampes d'accès et parfois des fauteuils roulants amphibies et des bassins spéciaux :

Cala Galdana
Sant Tomàs
Son Bou
Cala en Porter
Punta Prima
Es Grau
Arenal d'En Castell
Son Parc (Son Saura côté nord)
Sa Platja Gran
Santandria
Cala en Blanes
Binibèquer

➡ Les principales localités comptent de plus en plus de rampes d'accès. De plus, les grands hôtels et de nombreux restaurants ont aménagé leurs installations afin de les rendre accessibles aux handicapés.

➡ Toutefois, Minorque présente quelques difficultés pour les voyageurs à mobilité réduite, puisque beaucoup de sites sont accessibles uniquement par des chemins de terre non goudronnés.

Heures d'ouverture

Sauf mention contraire, les horaires habituels sont les suivants :

Banques 8h30-14h lun-ven

Bureaux de poste 8h30-20h lun-ven

Fermeture hivernale

Du milieu de l'automne jusqu'à la Semaine sainte, beaucoup de restaurants et de commerces réduisent leurs horaires d'ouverture ; certains restent fermés durant plusieurs mois. Mieux vaut se renseigner avant de se déplacer.

Restaurants 13h-16h et 20h-23h30 (beaucoup ferment en hiver)

Magasins 9h-13h30 et 16h30-20h lun-sam ; centres commerciaux 10h-21h lun-sam

Jours fériés

Nouvel An 1er janvier
Épiphanie 6 janvier
Saint-Antoine 17 janvier
Fête des îles Baléares 1er mars
Vendredi saint Fin mars/avril
Lundi de Pâques Fin mars/avril
Fête du Travail 1er mai
Assomption 15 août
Fête nationale espagnole 12 octobre
Toussaint 1er novembre
Jour de la Constitution 6 décembre
Immaculée Conception 8 décembre
Noël 25 décembre

Fêtes locales

Sant Joan 23-24 juin (Ciutadella)
Sant Martí 20 juillet (Es Mercadal)
Sant Jaume 24-25 juillet (Es Castell)
Sant Antoni 4e week-end de juillet (Fornells)
Sant Cristòfol Dernier week-end de juillet ou 1er week-end d'août (Es Migjorn Gran)
Sant Gaietà 1er week-end d'août (Llucmaçanes)
Sant Llorenç 10 août (Alaior)
Sant Climent 3e week-end d'août (Sant Climent)
Sant Bartomeu 23-24 août (Ferreries)
Sant Lluís 25 août (Sant Lluís)
Verge de Gràcia 8 septembre (Mahón et Sant Lluís)

Offices du tourisme

Principaux offices du tourisme de Minorque :

Aéroport (☎971 157 115 ; terminal des arrivées ; ⏰8h30-20h45 mer-lun, 8h30-20h mar)

À moindres frais

- Dans la mesure du possible, voyagez en dehors de la haute saison (juillet-août). Au printemps et à l'automne, les prix des hébergements et des vols sont beaucoup moins élevés, et le climat est très agréable.
- Déplacez-vous en bus autant que possible.
- Pour des séjours d'un mois ou plus, embarquez votre voiture sur un ferry depuis le continent.
- Si vous prévoyez une journée à la plage, achetez des victuailles et des boissons dans une supérette pour faire un pique-nique ; les paillotes de plage ne sont pas bon marché.
- Certains *talayots* et autres sites archéologiques sont payants, mais beaucoup d'autres sont gratuits (par exemple la nécropole de Cala Morell, Trepucó, Binissafullet, Son Catlar et Cala Coves).

Centre de Mahón (☎971 363 790 ; Plaça Constitució 22 ; ⏲9h30-19h30 lun-ven, 9h30-13h30 sam, fermé dim)

Port de Mahón (☎971 355 952/971 368 938 ; Moll de Llevant 2 ; ⏲9h30-20h30 lun-ven, 8h30-13h30 et 17h30-20h sam-dim)

Ciutadella (☎971 481 214 ; hôtel de ville, Plaça des Born ; ⏲9h30-20h30 lun-sam, 9h30-14h dim)

Points d'information touristique 24h/24 :

Mahón (Carrer del Rosari/Plaça Colón)

Ciutadella (Plaça dels Pins)

Fornells (Moll de Migjorn/Plaça S'Algaret)

Cala en Blanes (Avinguda dels Delfins)

Cales Fonts (Moll de Cales Fonts)

Cala Galdana (Passeig des Riu/Carrer de s'Aiguavessant)

Binibèquer Vell (Carrer Poblat de Pescadors)

- Les sites Internet officiels de **Turismo de Menorca** (www.menorca.es) et de l'**Agència de Turisme de les Illes Balears** (www.illesbalears.es) fournissent de nombreux renseignements sur le tourisme, les itinéraires et l'agenda des spectacles de Minorque.

Téléphone

Téléphones portables

☑ N'hésitez pas à vérifier la couverture assurée par chaque opérateur de téléphonie mobile.

- Les portables européens fonctionnent normalement.
- Les voyageurs canadiens ont intérêt à acheter une carte SIM sur place, car les frais d'itinérance peuvent être très élevés.

Indicatifs

- **Indicatif d'accès international** ☎00
- **Indicatif de l'Espagne** ☎34

Toilettes publiques

- Rares sur toute l'île. Quelques plages très fréquentées sont équipées de toilettes, ce qui n'est pas le cas des criques plus isolées.
- En général, il est possible d'utiliser les toilettes des établissements.

Urgences

Urgences ☎112
Ambulance ☎061
Pompiers ☎080
Police ☎091
Police locale ☎092

Langue

Le catalan (*català*) et l'espagnol (appelé *castellano*, ou castillan) sont les deux langues officielles des Baléares. Le minorquin, quasiment identique au majorquin et à l'*ibicenco*, est un dialecte catalan parlé sur l'île. La plupart des personnes originaires de la péninsule parlent uniquement l'espagnol et de plus en plus de gens maîtrisent l'anglais. Personne ne s'attend à ce qu'un visiteur apprenne à parler le minorquin pendant ses vacances, mais connaître quelques mots d'espagnol ou de catalan peut aider à engager la conversation. Dans ce chapitre, vous trouverez des bases pour vous exprimer en espagnol puis en catalan.

Si vous suivez nos conseils de prononciation, vous n'aurez pas de mal à vous faire comprendre. Kh indique un "j" guttural (proche du ch dans "achtung" en allemand). Le masculin et le féminin sont indiqués par (m/f).

Conversation de base

Bonjour.
Hola. o·*là*

Au revoir.
Adiós. a·*dyos*

Comment allez-vous ?
¿Qué tal? ké tal

Bien, merci.
Bien, gracias. bièn *gra*·sias

S'il vous/te plaît.
Por favor. por fa·*vor*

Merci.
Gracias. *gra*·sias

Excusez-moi.
Perdón. pèr·*donn*

Pardon.
Lo siento. lo *ssi*·*ènn*·to

Oui./Non.
Sí./No. *si*/*no*

Parlez-vous (français) ?
¿Habla (francés)? *a*·bla (frann·*céss*)

Je (ne) comprends (pas).
Yo (no) entiendo. yo (no) ènn·*tiènn*·do

Au restaurant

Je suis végétarien/ne. (m/f)
Soy vegetariano/a. soï vé·khé·ta·*ria*·no/a

Santé !
¡Salud! sa·*lou*

C'était délicieux !
¡Estaba buenísimo! ess·*ta*·ba boué·*ni*·ssi·mo

Apportez-nous l'addition, s'il vous plaît ?
Por favor nos trae la cuenta. por fa·*vor* noss *tra*·é la *kouènn*·ta

Je voudrais...
Quisiera ... ki·*ssié*·ra ...

un café	*un café*	oun ka·*fé*
une table pour deux	*una mesa para dos*	*ou*·na *mé*·ssa *pa*·ra doss
du vin	*vino*	*vi*·no
deux bières	*dos cervezas*	doss cèr·*vé*·zass

Shopping

J'aimerais acheter...
Quisiera comprar ... ki·*ssié*·ra komm·*prar* ...

Puis-je le voir ?
¿Puedo verlo? *poué*·do *vèr*·lo

Combien cela coûte-t-il ?
¿Cuánto cuesta? *kouann*·to *kouèss*·ta

C'est trop/très cher.
Es muy caro. èss mouï *ka*·ro

Pouvez-vous baisser le prix ?
¿Podría bajar un poco el precio? po·*dri*·a ba·*khar* oun *po*·ko el *pré*·cio

Urgences

Au secours !
¡Socorro! so·*ko*·ro

Appelez un médecin !
¡Llame a un médico! ya·mé a oun mé·di·ko

Appelez la police !
¡Llame a la policía! ya·mé a la po·li·*ci*·a

Je suis perdu(e). (m/f)
Estoy perdido/a. èss·*toï* per·*di*·do/a

Je suis malade. (m/f)
Estoy enfermo/a. èss·*toï* ènn·*fèr*·mo/a

Où sont les toilettes ?
¿Dónde están los baños? *donn*·dé èss·*tann* loss *ba*·nioss

Heure et nombres

Quelle heure est-il ?
¿Qué hora es? ké o·ra èss

Il est (10) heures.
Son (las diez). sonn (las dìès)

matin	*mañana*	ma·*nia*·na
après-midi	*tarde*	*tar*·dé
soir	*noche*	*no*·tché
hier	*ayer*	a·*yèr*
aujourd'hui	*hoy*	oï
demain	*mañana*	ma·*nia*·na

1	*uno*	*ou*·no
2	*dos*	doss
3	*tres*	trèss
4	*cuatro*	*koua*·tro
5	*cinco*	*cinn*·ko
6	*seis*	séïss
7	*siete*	*ssié*·té
8	*ocho*	o·tcho
9	*nueve*	*noué*·vé
10	*diez*	dìès

Transports et orientation

Où se trouve... ?
¿Dónde está...? *donn*·dé èss·*ta* ...

Quelle est l'adresse ?
¿Cuál es la dirección? koual èss la di·rèk·*thionn*

Pouvez-vous me l'indiquer (sur la carte) ?
¿Me lo puede indicar (en el mapa)? mé lo *poue*·dé inn·di·*kar* (ènn el *ma*·pa)

Je voudrais aller à...
Quisiera ir a ... ki·*ssié*·ra ir a ...

À quelle heure arrive/part-il ?
¿A qué hora llega/sale? a ké o·ra *yé*·ga/*ssa*·lé

Je voudrais descendre ici.
Quiero bajarme aquí. *kié*·ro ba·*khar*·mé a·*ki*

Catalan – vocabulaire de base

Bonjour.
Bon dia. bonn *di*·a

Bonjour (l'après-midi).
Bona tarda. *bo*·na *tar*·da

Bonsoir.
Bon vespre. bonn *bess*·pra

Au revoir.
Adéu. a·*thé*·ou

S'il vous plaît.
Sisplau. ssiss·*pla*·ou

Merci.
Gràcies. *gra*·ssi·a

De rien.
De res. dé rèss

Excusez-moi.
Perdoni. par·*tho*·ni

Pardon.
Ho sento. ou *sènn*·to

Comment allez-vous ?
Com estàs? komm ass·*tass*

Très bien.
(Molt) Bé. (mol) bé

En coulisses

Vos réactions ?

Vos commentaires nous sont très précieux pour améliorer nos guides. Notre équipe lit vos lettres avec la plus grande attention et prend en compte vos remarques pour les prochaines mises à jour. Pour nous faire part de vos réactions, prendre connaissance de notre catalogue et vous abonner à notre newsletter, consultez notre site Internet : **www.lonelyplanet.fr**

Nous reprenons parfois des extraits de notre courrier pour les publier dans nos guides ou sites Web. Si vous ne souhaitez pas que vos commentaires soient repris ou que votre nom apparaisse, merci de nous le préciser. Notre politique en matière de confidentialité est disponible sur notre site Internet.

Un mot d'Albert

Les mots me manquent pour remercier Xavier Solano Puerta pour son aide et sa générosité. Minorquin de cœur et d'adoption, il m'a accueilli dans sa maison, m'a offert sa succulente cuisine et ses vins, mais surtout il n'a jamais compté son temps et m'a fait partager son immense savoir sur tout ce qui concerne Minorque. Ses remarques ont joué un rôle essentiel dans la rédaction de ce guide.

Un mot de Jordi

Mille mercis à Dani : sa connaissance approfondie des restaurants, domaines viticoles et bars de Minorque a été très utile pour sélectionner les meilleurs. Merci également à Narcís et Susana, hôtes parfaits et conseillers patients à l'heure de dénicher les aspects les plus époustouflants de l'île. Enfin, *gracias* à Tolo et *na* Susi : vous voir est toujours synonyme de fous rires !

À propos de cet ouvrage

Cette 1re édition française du guide *Minorque en quelques jours* est une traduction-adaptation de *Minorca de cerca* commandée par le bureau de Barcelone. Elle a été écrite par Albert Ollé, avec la participation de Jordi Monner.

Ce guide a été coordonné par le bureau de geoPlaneta à Barcelone.

Traduction Anna Alvarez et Jeanne Robert

Direction éditoriale Didier Férat

Coordination éditoriale Océane Monange

Responsable prépresse Jean-Noël Doan

Maquette Laurence Tixier

Cartographie Cartes originales adaptées par Eduardo Yanes Blanch

Couverture Adaptée en français par Laure Wilmot

Merci à Bernard Guérin pour sa relecture attentive du texte.

Crédits photographiques

Photographie de couverture : Cala Macarella, Minorque, Gonzalo Azumendi.

Photographie pp. 4-5 : Port de Ciutadella, Minorque, Gonzalo Azumendi.

Photographies p. 13 (en haut), Morfheos ;
p. 78, joan_bautista, Shutterstock ;
p. 107, Ana del Castillo, Shutterstock ;
p. 116, Naeblys, Shutterstock ;
p. 117, Ornela Rubioli.

Index

Voir aussi les index :
Se restaurer p. 133
Prendre un verre p. 133
Sortir p. 134
Shopping. 134

Références des **sites**
Références des **cartes**

Se restaurer

Prendre un verre

Les auteurs

Albert Ollé Martín

Diplômé en histoire et géographie, Albert avait une vingtaine d'années et enseignait dans un lycée lorsqu'il débarqua à Minorque pour passer deux semaines de vacances. Coup de foudre : les 15 jours se changèrent en 15 ans. Passionné de voile et de bonne chère, il partage son temps entre les voyages, et l'écriture et la traduction d'ouvrages traitant de voyages et de gastronomie.

Jordi Monner Faura

Éditeur de guides Lonely Planet en espagnol depuis 2005, Jordi s'offre une escapade sur l'île chaque printemps et chaque automne. Il séjourne chez des amis, dans les environs de Sant Lluís. C'est grâce à eux qu'il est tombé amoureux de Minorque et qu'il a découvert ses recoins les plus magiques.

Minorque en quelques jours
1re édition (Mai 2017)
Traduit et adapté de l'ouvrage *Pocket Barcelona, 5th edition, November 2016*

Dépôt légal Mai 2017

ISBN 978-2-81616-536-4

Imprimé par CGS sp z.o.o en Pologne
Réimpression 03, juillet 2019

En Voyage Éditions | un département édi8